JN099496

テキスト
経営戦略論

福沢康弘 著

Textbook of Strategic Management

中央経済社

はじめに

　本書は，主な読者として，経営戦略を初めて学ぶ学生を想定して執筆されている。

　筆者は約20年間，民間企業の経営に携わった後，縁あって2016年に北海道情報大学経営情報学部に着任した。そこで経営戦略論の授業を担当することになったわけだが，授業を進めるにつれ，学生が自分自身で学び，経営戦略について理解を深められるような，分かりやすい教科書が必要であるという思いが強くなっていった。

　本書はそのような考えの下，文体として「です・ます」体を採用し，読みやすさを優先した文章にすることを心がけた。参考文献については，学生が参照しやすいよう本文中で紹介するように努め，また図書館等で閲覧可能な日本語書籍のみを採用することにした。

　本書の内容は，第1章「経営戦略を学ぶ意義」に始まり，前半ではアンゾフ，SWOT分析などの分析ツール，ポーターの競争戦略論，ブルー・オーシャン戦略，資源ベース・アプローチ，ダイナミック・ケイパビリティへと，経営戦略論の系譜をたどっていく。そして第9章でM&Aについて，第10章でランチェスター戦略について解説した後，第11章では，オープン・イノベーションや地域イノベーション・システム，クラスターなど，「連携」をベースとした経営戦略の意味を考え，さらにビジネス・エコシステムとプラットフォームという，近年のビジネスで注目を集めている概念について考えていく。また第12章では，揺らぎつつある「資本主義」の意味を再考し，現代の企業には地球市民としての行動が求められているという視点から，CSV，社会的連帯経済と社会的企業，SDGs，ESG，コレクティブ・インパクトといった話

題を紹介している。そして最後の第13章では，経営戦略を具体的事例に即して考えることを目的として事例研究を行った。学生のみなさんにはこれらの学習を通して，企業の事例をさまざまな角度から考え，自分なりの思考を深める一助にしていただければ幸いである。

　もとより筆者の研究者としてのキャリアは浅く，本来ならばそのような浅学の者が教科書を執筆するなどということはおこがましいことである。もし本書の出版が許される事情があるとすれば，上記のような理由に加え，筆者の約20年に及ぶ企業経営の現場での経験を，本書に反映させられるということであろう。筆者の経営者としての経験を，文章を通じて十分に伝えられたかどうか，この点に関しては読者の評価を待ちたいと思う。

　前述のように，本書は経営戦略論の初学者を第一の読者として想定し，分かりやすい記述を心がけている。したがって大学の授業だけではなく，独学で経営戦略論を勉強してみようと思っている人にも手に取ってもらえれば幸いである。

　さまざまな思いから執筆に至った本書であるが，最後に，本書の出版を快くお引き受けくださり，折に触れアドバイスをいただいた中央経済社の酒井隆学術書編集部副編集長，ならびに本書出版へのきっかけを与えてくださった中央経済グループパブリッシングの瀧田修一販売促進部部長にこの場を借りて感謝申し上げる。

　2021年1月

大自然に囲まれた北海道情報大学の研究室にて

福沢　康弘

初出一覧

※本書の文章は原則として本書のために書き下ろしたものであるが，一部に，筆者の既発表論文の一部をベースとしている部分がある。詳細は以下の通りである。

■ 第1章「1．現代はどういう時代か」
　「韓国における地域政策の変遷と地域縁故産業育成事業の登場」北海学園大学経済論集62⑴，2014

■ 第11章「3．クラスター」「4．地域イノベーション・システム」
　「中小企業におけるCSV実現に向けた一考察——ネットワークを媒介としたアプローチに関する検討——」開発論集（北海学園大学開発研究所）100，2017

■ 同章「コラム：クラスター論と地域イノベーション・システム論の差異」
　「中小企業経営論に関する試論的考察」北海道情報大学紀要29⑴，2017

■ 第12章「2．CSV」
　「中小企業におけるCSV実現に向けた一考察——ネットワークを媒介としたアプローチに関する検討——」開発論集（北海学園大学開発研究所）100，2017

■ 同章「3．社会的連帯経済と社会的企業〈1〉」「4．社会的連帯経済と社会的企業〈2〉」
　「韓国における＜社会的経済＞とソウル革新パーク——その政策的意義と課題——」北海学園大学経済論集64⑷，2017

■ 第13章「4．ネットワークを形成する中小企業」
　「中小企業におけるCSV実現に向けた一考察——ネットワークを媒介としたアプローチに関する検討——」開発論集（北海学園大学開発研究所）100，2017

目　次

第 **1** 章　経営戦略を学ぶ意義　　　　　　　　　　　　　*1*

第 **2** 章　経営戦略を学ぶための基本用語　　　　　　　*17*

第1章

経営戦略を
学ぶ意義

　これから経営戦略を学ぶにあたり，本章ではまず，私たちが生きている現代の経済社会はどのような社会なのか，そしてなぜ経営戦略が求められるのかを考えていきます。また，戦略とは何かについて，代表的な定義を紹介し，基本的な考え方を解説していきます。

1．現代はどういう時代か

　第二次世界大戦後のおよそ半世紀，世界は「工業化社会」と呼べる時代を経験し，工業化こそが経済発展の唯一の手段あるいは目標として認識されてきました。そして大量生産・大量消費の社会が出現し，人々の暮らしは劇的に向上しました。我が国においても，戦後の焼け跡から復興し，工業化を成し遂げた1960，70年代は高度経済成長を達成した時代として社会科の教科書にも記述されています。『ジャパン　アズ　ナンバーワン』（ヴォーゲル）や『MADE IN JAPAN』（盛田昭夫ほか）などがベストセラーになり，世界が日本の強さの秘密を探ろうと必死になっていたこの時代，日本は経済成長をおう歌していました。

　一方でこの時代は，高度成長に伴う弊害が現れた時代でもありました。大企業の工場が吐き出す有害物質による公害の発生や，「交通戦争」と形容されるほど深刻化した交通事故が急増し，大きな社会問題になりました。また，大都市の過密化と農村での過疎化は地域間格差を生み出しました[1]。

　このような工業化社会の繁栄と弊害の経験を踏まえ，来たるべき21世紀は知識社会になる（あるいはならなければならない）という予見が，20世紀最後の10年である1990年代に数多く主張されるようになりました。

　ドラッカーは『ポスト資本主義社会』の中で，人類の歴史は数百年に一度，それまでの世界観，価値観，社会構造や政治構造等が根本から転換されるような大きな転換を経験すると述べ，現代（90年代）の我々はまさにその転換点にあると述べました。ドラッカーはこれまで我々が

1　この問題は現在においても解決されておらず，2014年には，将来的には全国896の自治体が消えてしまうという衝撃的な予測をした『地方消滅』が出版され話題となった。

経験した「資本主義社会」は終わりに近づいていると述べ，その後に続く次の社会を「ポスト資本主義社会」と呼びました。ドラッカーの主張の要点をまとめると以下のようになります。

- 現代は「知識」のみが意味ある資源となる社会であり，基本的な経済資源はもはや資本でも労働でも天然資源でもない。
- 知識の仕事への応用たる「イノベーション」によって生産性が向上し，価値が創出される。
- 成果を生み出すために，いかに知識を応用するかを考えることが「マネジメント」である。
- マネジメント（マネジャー，管理職）とは「知識の応用とその働きに責任を持つ者」である。「部下の働きに責任を持つ者」ではない。

　伝統的な経済学では生産の3要素は「土地・資本・労働」とされてきました。ドラッカーは，ポスト資本主義社会においては「知識だけが唯一の意味ある資源」であると主張し，ポスト資本主義社会は「知識社会」であることを強調しています。また「マネジメント」についての考え方もドラッカーは明快です。私たちが日常会話で「管理職」「マネジャー」という言葉に抱くのは「部下を管理する人」といったイメージです。部下がきちんと仕事をしているか，怠けてはいないかをチェックし監督するのが管理職・マネージャーの仕事であるとイメージします。しかしドラッカーは，マネージャーは部下を管理する人ではなく，「成果を生み出すために知識を応用する人」「成果に責任を持つ人」と定義しています。そしてそのためには知識を仕事に応用しイノベーションを起こし，生産性を上げることが重要であると主張しています。
　また経済協力開発機構（OECD）も1996年に，現代は「知識基盤経

済」の時代であることを主張し，経済成長における知識と技術の役割の重要性を指摘しました。知識基盤経済においては，知識が生産性と経済成長の原動力となり，先進国においては知識と情報の創出・普及・利用への依存度が以前にも増して深まっていると言われています。

　では知識社会あるいは知識基盤経済とは具体的にどのような社会なのでしょうか。それを理解するために，次節ではまず我が国の経済成長率の推移を見ていくことにしましょう。

２．低成長時代と働かなくなった日本人

　日本の経済成長率の推移を見てみると（図表１−１），現在私たちが生きている時代がどういう時代か，よく分かると思います。高度成長期には成長率は２ケタが当たり前でした。実際，1955〜73年にかけての年平均成長率は10％前後で推移し，1968年には日本は世界第２位の経済大国になっています。それに比例して給料も右肩上がりで増え，日本は大衆消費社会を迎えました。企業が作った製品は作ったそばから売れていきました。

　しかし1973年のオイルショックを境に高度成長は終わりを迎えます。1974年には戦後初のマイナス成長となり，その後も経済成長率は年２〜５％で推移します。そしてバブル崩壊を経た1990年代後半からはさらに成長率は低下し，現在では良くて２％，年によっては大きくマイナスにさえなっています。

　日本は今「低成長」の時代です。そして社会は「成熟社会」です。成熟社会とは，簡単に言うと「もうのびしろがない」社会のことです。モノが不足していた時代，そして経済が成長していた時代では，モノは作りさえすれば売れていきました。人々の所得は上がり，モノを買う気に満ちていますから，どんどんモノを買ってくれます。

図表1－1　日本の経済成長率推移

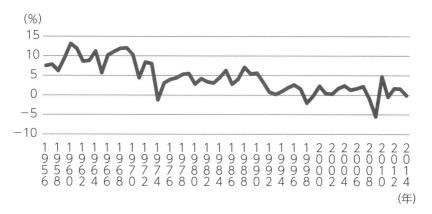

（出所）「内閣府平成30年度　年次経済財政報告」を基に筆者作成

　しかし低成長・成熟社会では，今までの延長は通用しません。一通りモノが行き渡り，所得も増えない現在，売れる商品を作るのは大変なことです。

　日本はなぜ低成長になってしまったのでしょうか。もちろん社会が成熟した社会になったということも大きいでしょう。しかし私は，原因は別のところにあるのではないかと考えています。

　ここからは私見ですが，日本が低成長に陥ってしまったのは，日本人が昔に比べて働かなくなったからだ，と私は思っています。今でこそ週休2日は当たり前ですが，かつては土曜日には仕事をしていました。昔に比べて祝日も増えています。山の日，海の日，5月の連休の国民の祝日などは，かつてはありませんでした。明らかに日本人は昔に比べて働く時間が短くなった，つまり働かなくなったのです。

　私は働く時間が短くなったことが悪いと言っているわけではありません。ワークライフバランスを取ることは重要なことだと思いますし，余暇が充実することによって私たちは豊かな人生を送ることができます。

ただし，働く時間が短くなったにもかかわらず，日本人は働き方の中身を変えてこなかったのではないか，と思えてなりません。働く時間が短くなったのなら，同じ成果を上げるためにはこれまでよりも中身の濃い働き方をしなければなりません。しかし日本人はそれをしてこなかった。ここに一番の原因があると考えます。

　成果を上げるためには2通りの方法しかありません。2倍の成果を上げようと思えば，働く時間を2倍にするか，同じ時間で2倍の仕事をするかのどちらかです。しかし今の時代，働く時間を2倍にするというのは現実的ではありません。休みも取らず毎日残業して2倍長く働くというのは，明らかに時代に逆行しています。となると残る選択肢は，同じ時間で2倍の仕事をするということになります。これがいわゆる「生産性を上げる」ということです。

　日本の労働生産性は諸外国に比べて低いことが指摘されていますが，生産性を上げるためには，今までと同じやり方をしていたのでは通用しません。また，単に2倍頑張って働けばいいというものでもありません。人間の頑張りには限界があるからです。生産性を上げるためには働き方を根本から変える必要があります。IT技術の活用や新しい仕組みを取り入れることも考えていかなければならないでしょう。その時に必要となるのが「知識」なのです。

3．「考える」ことの重要性

　知識社会とは，知識を仕事に応用しイノベーションを起こし，生産性を上げる社会であるとドラッカーは言っています。平たく言うと，「頭を使って考えて，工夫して働け」ということです。これ以外に日本が世界の中で生き残っていく道はありません。

　現在，私たちの衣服の多くは賃金の安い発展途上国で作られています。

それらの国では人件費が日本の10分の1であることも珍しくありません。縫製業は人間の手で行われる典型的な労働集約型産業[2]です。人件費が10倍の日本人は，どう頑張ってもそれらの国々の労働者にはかないません。いくら腕のいい職人でも，同じ時間内で彼らの10倍の衣服を縫うことは不可能だからです。

　縫製業で日本人が発展途上国との競争に勝つためには，"新しい何か"を生み出して勝負するしかありません。例えば，もし「全自動ポロシャツ製造機」を発明することができたら，日本人は発展途上国との競争に勝つことができるでしょう。スイッチを押したら後は自動でシャツを縫ってくれる機械なら人件費もかからないし，人間よりはるかに多くのシャツを縫い上げてくれます。24時間365日働いてもくれます。新しい機械の発明によって，生産性が飛躍的に向上することになるのです[3]。

　あるいは，世界のどこにもないオリジナルなデザインを生み出し，それがブランドとして人々から支持されれば，そこでも勝つことができるでしょう。同じシャツでも，ブランド力があり消費者が欲しがるデザインのシャツであれば，より高い価格で売ることができるからです。

　このように，生産量を上げるために知識を投入する産業のことを知識集約型産業と言います。低成長かつ成熟した社会においては，産業を知識集約型にしていく必要があります。ドラッカーはそのことを言っているのです。

　有斐閣『経済辞典』（第4版）によると，研究開発型産業，高度組立産業，ファッション産業，知識産業，情報関連産業などが知識集約型産業と呼ばれる産業です。医薬品開発やITなどがこれに該当します。もちろん日本にも労働集約型産業はたくさん存在します。飲食業やサービス

2　生産量を上げるためには労働力を投入しなければならない産業のこと。衣服の生産量を倍にしようと思えば，人数を倍にするか働く時間を倍にしなければならない。

3　このことをイノベーションと言う。イノベーションについては第2章を参照。

業は労働集約型産業の典型です。しかしこれら労働集約型産業においても，知識集約的要素を取り入れることができないか，考えることが大切です。そうすることによって生産性を上げることができるのです。これをしていかないと，やがては発展途上国に仕事を奪われることになります。現に，給与計算や会計業務，データ入力業務などの定型的な作業は，人件費の安い発展途上国にアウトソーシング[4]されています。ITと通信技術の発達によってそれが可能になりました。

　若いみなさんに必要なことは，どうしたら低成長時代において生産性を上げていくことができるか，何が必要なのか，何をしなければならないのかを自分の頭で「考える」ということです。例えば，大学の先生の言っていることや教科書に書いてあることも「本当にそうだろうか」と考えることが大切です。本書での学びを通じて，ぜひ「考える」習慣を身につけてほしいと思います。

図表１－２　経済社会の３つの様態

- 労働集約型産業…労働が最も重要な資源である産業
    →生産量を上げるためには労働量を増やす必要
    例）服飾縫製産業
- 資本集約型産業…資本が最も重要な資源である産業
    →生産量を上げるためには資本投資が必要
    例）製鉄業，大規模製造業
- 知識集約型産業…知識が最も重要な資源である産業
    →生産量を上げるためには知識が必要
    例）IT，バイオテクノロジー

4　業務を社外に外注すること。outsourcing

4．戦略とは何か

　戦略とは字を見て分かるように，もともとは戦争用語です。戦略という語の起源は古代中国の孫子にまでさかのぼると言われています。「戦わずして勝つ」という格言を聞いたことのある人もいるでしょう。

　『広辞苑』（第7版）には，戦略とは「戦術より広範な作戦計画。（中略）主要な敵とそれに対応すべき味方との配置を定めること」とあります。また19世紀プロイセンの軍人・クラウゼヴィッツの『戦争論』は，近代における戦略論の起源であるとされていますが，戦略は戦争の目的を達成するために戦闘を互いに結びつける（組み合わせる）活動であると述べられています（同書・上142ページ）。

　このことから，戦略とは「大きな方針」のようなイメージであることが何となく浮かび上がってきます。戦略という「大きな方針」の下でさまざまな施策（戦術）が実行されるというイメージです。

　私たちの身の回りでも戦略という言葉がたくさん使われています。ビジネスの現場では価格戦略，財務戦略，営業戦略，商品戦略などの言葉が日常的に使われます。有名なものでは，チェーンストアの「ドミナント戦略」があります。これは，特定地域に集中的に出店することにより認知度を上げシェアを高めるとともに，物流を効率化することによって収益を上げる出店戦略の一種です。狭いエリアにコンビニが集中している光景を見たことがある人は多いでしょう。

　また変わったところでは「出口戦略」という言葉もあります。これは，市場や事業からいかに撤退するか，あるいは投資をいかに回収するかを考える戦略のことで，いかにより良い結果で終わらせるかを考える戦略であると言えます。「この投資は出口戦略まで考えて実行すべきだ」というように使います。

戦略という用語はビジネス以外でも，例えば政府では「まち・ひと・しごと創生総合戦略」（地方創生戦略），「未来投資戦略」「総合イノベーション戦略」というような使われ方をされています。

本書のテーマは経営戦略ですので，次に経営戦略の分野で，戦略とはどのような定義がなされているか，代表的な文献の例を見てみましょう。

- **チャンドラー**：長期の基本目標を定めたうえで，その目標を実現するために行動を起こしたり，経営資源を配分したりすること（『組織は戦略に従う』17ページ）。
- **アンゾフ**：企業の事業活動についての広範な概念を提供し，企業が新しい機会を探求するための個別的な指針を設定し，企業の選択の過程を最も魅力的な機会だけにしぼるような意思決定ルールによって企業の目標の役割を補足する（『企業戦略論』129ページ）。
- **ルメルト**：何か新しい変化に直面したときに，リーダーシップや決意をいつどこでどのように発揮すべきか，その道筋を定めること（『良い戦略，悪い戦略』9ページ）。組織が前に進むためにはどうしたらよいかを示すもの（同書11ページ）。
- **バーニー**：いかに競争に成功するか，ということに関して一企業が持つ理論（『企業戦略論』上28ページ）。

このように，戦略とは何かという定義は文献によってさまざまです。実際，バーニーは，戦略という定義は「多くの異論異説が存在」し「戦略について書かれた本の数だけ戦略についての定義は存在する」と述べています（『企業戦略論』上28ページ）。同書（29ページ）には，さまざまな文献における戦略の定義がまとめられています。経営戦略を学ぶみなさんは，これらを参考にしながらも自分なりの定義を持ち，それに

照らしてこれからの学習を進めていくとよいでしょう。ここでも「考える」ことが重要なのです。

　なお，本書では戦略を次のように定義します。

　成果を上げるために，競争に勝つために，どのような考え方で物事を進めるか，その「考え方」のこと。

　物事にはまず大きな「考え方」が必要で，そこから具体的な「行動」が出て来るからです。行動するためにはまず大本の考え方をしっかり固める必要があります。どのように行動するかを決める「考え方」こそが戦略なのです。

5．経営者の役割と経営戦略

　企業が競争に勝ち，成果を上げるためにどう物事を進めていくかという「考え方」が経営戦略であるならば，まず問われるのはトップである社長がどのような考え方で経営に臨んでいるかということでしょう。組織はトップ次第で良くも悪くもなると言われます。中小企業はもちろん，大企業であってもそれは同じです。トップが交代したら業績が劇的に改善した例はたくさんあります。

　言うまでもなく，経営者はとてつもなく重い責任を負っています。経営者がどれだけの責任を負っているか，簡単に見てみましょう。

　まず，経営者は従業員に対して責任を負っています。職場は従業員が生活の糧を得る場であり，家族を養うために必要な場です。経営者には従業員とその家族の生活を守る責任があります。良好な職場環境を作り，それを維持するために力を注ぐことは，経営者が最優先で考えなくてはならないことです。

また，経営者は従業員の成長も考える必要があります。従業員のキャリアアップ，仕事を通じた自己実現など，従業員の成長の場を提供するのも，経営者の重要な役目です。従業員が仕事にやりがいを感じ，仕事を通じて成長することによって，企業もまた発展することができるからです。

　次に，経営者には取引先や顧客に対する責任があります。決められた納期に決められた内容の商品を間違いなく顧客に納品することや，不良品を出して損害を与えないこと，顧客の求めるニーズに応え，場合によってはその期待を上回る価値を提供することなどが求められます。それができる企業のみが事業を発展させることができるのです。経営者はそのために各所に目を配り，仕事が順調に進んでいるか，何か問題が起きていないか，日々，神経を使っています。

　さらに，経営者には社会に対する責任があります。社会の一員としてルールを守ることは，最低限果たすべき責任であることは言うまでもありません。不祥事を起こせば，多くの人に取り返しのつかない迷惑をかけることになります。しかし企業はそれにとどまらず，社会の発展のために貢献することが求められます。それが企業の存在価値であると言ってよいでしょう。利益を上げて正しく納税することや，雇用を維持することも立派な社会貢献です。また各種団体での活動，CSR[5]を通じた社会貢献など，経営者でなければ意思決定できない高度の活動もあります。経営者はこれらの活動を通じて，社会的責任を果たし，企業価値を高めていくことを考えていかなければなりません。

　このように経営者の仕事は多岐にわたります。経営者の仕事とは何かを一言で表すのはなかなか難しく，経営者が100人いれば100通りの答えが返って来るでしょう。さまざまな仕事の優先順位も，経営者によっ

5　Corporate Social Responsibility：企業の社会的責任

て違うはずです。

　しかし経営者が経営をしていく上で，これだけは絶対に譲れないという条件があります。その条件とは「絶対に会社をつぶさないこと」です。経営者が負っている重い責任（従業員の生活を守る，取引先を守る，社会貢献を行う）は，すべて会社が存続しているからこそ果たせる責任です。会社がつぶれてしまったら，従業員は明日からの生活に困るだろうし，取引先にも多大な迷惑をかけることになります。経営者が100人いたら100人とも，「とにかく会社をつぶさないこと」を最優先に経営判断を行っているはずです。

　これが経営を行う上での「考え方」です。会社を存続させることを最優先に，その上で①事業を発展させる，②従業員を幸せにする，③社会に貢献するにはどうすればいいかを考えて戦略を立てていきます。企業経営はこれら３つの要素から成り立っており，そのための考え方が経営戦略であると言えます。

　本書でも，この３つの要素を考慮に入れて各章の記述を進めていきたいのですが，大部分は「事業発展のための経営戦略」についての記述になってしまいます。事業が存続・発展しないことには，従業員の幸せも社会貢献も実現できないからです。事業を存続・発展させることは企業経営の根幹であり，しっかりとした経営戦略を持つことがいかに重要か，このことからも分かります。

コラム　経営学は役に立つのか

　筆者がお付き合いしている企業経営者の多くは「学問なんて，実際のビジネスには役に立たない」「机上の理論とビジネスの実際は違う」と口をそろえて言う。

　「経営学は実務に役に立つのか？」

　経営者でなくても，こう疑問に思うビジネスパーソンは多いだろう。我が国では2000年代に入り，MBA（経営管理修士）課程を設置する大学院が増え，多くのビジネスパーソンが仕事の傍らMBA課程で学ぶようになった。彼らは高度な経営学の知識を身につけ，仕事に活かすとともに自身のステップアップを目指している。しかし，そうやって大学あるいは大学院で学んだ経営学の知識は，はたしてビジネスの実務に役立つものなのだろうか。

　この問いに答えるのはなかなか難しい。

　学問とは普遍的な法則や物事の真理・メカニズムを解き明かそうとするものである。経営学も学問である以上，「経営」という物事の普遍的な法則や真理・メカニズムを解明しようとする。世界中のすばらしい経営学者が，経営学理論の発展のために血のにじむような努力をしているのだ。しかし，そもそも経営に普遍的な法則というものが存在するのだろうか。一般人の肌感覚では，疑問に思えるのも当然である。

　例えば，手に持ったボールを離すと，ボールは必ず地面に落下する。これは物理学の法則であり，そのメカニズムは万有引力によって説明できる。つまり「ボールを手から離したら，必ず地面に落下する」という法則が成り立っているのだ。この，「こうすれば必ずこうなる」という法則を，ビジネスの分野で見つけるのは相当難しいことと思われる。もしそのような法則があるのなら，すべての企業がそうするはずで，そしてすべての企業が成功するはずだからだ。教科書に書いてある通りにやってうまくいくな

ら，みんながそうするはずで，みんなが成功するはずである。「こうすれば必ず成功する」というビジネスの法則を発見することは，おそらく不可能であろう（これはスポーツや囲碁・将棋でも同じだ。理論や定跡はあるが，「こうしたら必ず勝てる」という法則はまだ発見されていないし，おそらくこれからも発見されることはないだろう）。

　にもかかわらず，世界中で多くの研究者が経営学を研究している。このことをどう考えればいいだろう。多くの経営者が言うように，学問は本当に実際のビジネスには役に立たないものなのだろうか。

　筆者は，経営学を学ぶということは，ビジネスを行う上で，考える「引き出し」を増やすことであると考えている。経営について悩んでいる時，あるいはもっと会社を良くしたい時，どうしたらいいのか我々は考える。経営学で学んだ知識は，その答えを考えるための手がかりとして使えると思っている。

　つまり，経営学で得た知識をそっくりそのまま実務に当てはめるのではなく，「この部分はどういうことなのだろう」「これはこうアレンジしたら我が社でも使えるかもしれない」と考えていくことが大事なのである。もしかしたら，考えることを通じて，全く新しい自分なりの何かを見つけることができるかもしれない。

　大前研一は『新装版 企業参謀』の中で，経営のさまざまな技法は「例」に過ぎないと述べ（同書78ページ），コンサルタントの役割は経営者の「思考過程を活性化すること」であると主張している（同書79ページ）。また入山章栄は『世界標準の経営理論』で，「これからの時代は，ビジネスパーソンにこそ，経営理論を思考の軸とする価値がある」と述べている（同書13ページ）。

　大切なのは「考える」ことなのである。文献に書いてあることも，教員が言っていることも，「本当にそうなのだろうか」「こういう場合はどうな

のだろう」と考えることによって，自分の「考え方」が形作られていくのである。そして自分なりの「考え方」を持ってビジネスを行える人が，成功するビジネスパーソンになれるのだと思う。

　経営学を役に立つものにするのも，役に立たないものにするのも，自分の「考え方」ひとつなのである。

第1章　参考文献

Ｈ・Ｉ・アンゾフ著／広田寿亮訳（1969）『企業戦略論』産業能率大学出版部。

入山章栄（2019）『世界標準の経営理論』ダイヤモンド社。

エズラ・Ｆ・ヴォーゲル著／広中和歌子，木本彰子訳（1979）『ジャパン　アズ　ナンバーワン』TBSブリタニカ。

大前研一（1999）『新装版 企業参謀』プレジデント社。

クラウゼヴィッツ著／篠田英雄訳（1968）『戦争論』岩波書店。

アルフレッド・Ｄ・チャンドラー, Jr. 著／有賀裕子訳（2004）『組織は戦略に従う』ダイヤモンド社。

Ｐ・Ｆ・ドラッカー著／上田惇生訳（2007）『ポスト資本主義社会』ダイヤモンド社。

ジェイ・Ｂ・バーニー著／岡田正大訳（2003）『企業戦略論』ダイヤモンド社。

増田寛也編著（2014）『地方消滅』中央公論新社。

盛田昭夫，下村満子，Ｅ・ラインゴールド著／下村満子訳（1990）『MADE IN JAPAN』朝日新聞社。

リチャード・Ｐ・ルメルト著／村井章子訳（2012）『良い戦略，悪い戦略』日本経済新聞出版社。

第2章

経営戦略を学ぶための
基本用語

　本章では，経営戦略を学ぶために必要な，経営の基本用語について解説していきます。経営戦略論の文献には，これらの用語が解説なしに出て来ることがあります。また，これらの用語は，ビジネスパーソンも日常の仕事の中で普通に使っているものが多いです。これらの用語の意味と考え方をしっかり理解してください。

1．ドメイン

　ドメイン（domain）にはいろいろな訳があります。「領域」「範囲」「分野」「領土」「定義域」などです。ｅメールの@以降の部分のことをドメインと呼ぶことを知っている人は多いでしょう。企業がウェブサイトを開設する時には.comや.co.jpなどのドメインを取得しなければなりません。この場合のドメインは「定義域」と訳されます。

　経営学ではドメインは「生存領域」や「活動範囲」と訳されます。企業がどの分野で事業を行うかを定めたものがドメインです。簡単に言うと，企業がどの分野で勝負するか，その分野のことであると言えます。

　ドメインを明確にすることはとても大切なことです。どの分野で勝負するかが明確になっていなければ，どの分野に企業を発展させるか，という戦略の方向性を見出すことができないからです。

　ドメインは，我が社の目的は何か，我が社は何をする会社か，を明快に言い表せるものでなくてはなりません。つまり，ドメインを明確にするということは，事業の「本質」をとことん考えるということなのです。

　ドラッカーは「企業の成功は，"われわれの事業は何か"を問い，その問いに対する答えを徹底的に検討することによってもたらされている」と述べています（『マネジメント』上97ページ）。また，ルメルトは，良い戦略とは「単純かつ明快である」と述べています（『良い戦略，悪い戦略』４ページ）。

　マクドナルドを例に考えてみましょう。マクドナルドは何をする会社でしょうか。マクドナルドのドメイン，すなわち勝負するべき領域はどのように定義できるでしょうか。一般の人は「マクドナルドはハンバーガーチェーンである」と答えがちですが，それではマクドナルドの事業の「本質」を理解したことにはなりません。

　例えば，マクドナルドのドメインを「手軽で楽しい食事の場を提供することである」と考えてみたらどうでしょうか。そうすると，そのドメインに沿って，メニュー作りや店舗開発を進めることができます。このような考え方から，手軽で楽しい食事の場を提供するために，子供たちのための遊具スペースを店舗内に作ったり，バースデー・パーティープランを提供したりといった施策が出て来ます。車に乗ったままテイクアウトができるドライブスルーも手軽さを追求した結果であると言えます。

　また，マクドナルドが日本でオープンした当初（1971年）には，「憧れのアメリカ文化に出会える場」というドメインもあったと考えられます。当時，ハンバーガーは日本人にはまだあまりなじみのない食べ物でした。一方，アメリカ文化に憧れる日本人はたくさんいました。マクドナルドは「憧れのアメリカ文化を手軽に感じることのできる楽しい食事の場」であることをドメインにして，成長することができたのだと考えられます。

　こう考えてみると，表面に現れる商品や事業内容では，その企業の本質であるドメインを説明したことにはならないことが分かります。

　1990年代に膨大な赤字に苦しんでいたIBMは，「メインフレーム[1]を製造する企業」から「ソリューション[2]を提供する企業」へとドメインチェンジをして業績回復を成し遂げました（『巨象も踊る』参照）。ソニーは1946年の設立当初は「自由闊達にして愉快なる理想工場の建設」を掲げて「家電メーカー」としてスタートしましたが，現在は「クリエイティビティとテクノロジーの力で，世界を感動で満たす」ことを自らの存在意義に掲げています（2020年７月現在，同社ホームページ）。ソニーはこれをドメインとして，音楽，映画，ゲームなど総合エンターテインメントの分野に事業領域を拡大してきました。

1　大型の基幹コンピューターのこと。
2　solution：顧客の抱えている問題を解決すること，またはそのサービスのこと。

ドラッカーの言うように「われわれの事業は何か」を考えることが戦略策定の第一歩になります。ドメインは経営戦略を考える上でとても重要な概念なのです。

2. イノベーション

　現代の企業経営を考える時，「イノベーション」は最も重要なキーワードでしょう。イノベーションは一般に「革新」と訳されます。一般には，「何か新しいものを生み出すこと」がイノベーションであると理解されていると思います。

　このイノベーションの概念を最初に提唱したとされる文献は，1912年の『経済発展の理論』（シュムペーター，以下「シュンペーター」と表記）です。

　シュンペーターによれば，企業が商品を生産するということは，利用しうる物や力を結合することであり，生産物および生産方法の変更とは，これらの物や力の結合を変更することを指します。この変更された結合のことをシュンペーターは「新結合」と呼びました。新結合は次の5つに分類されます。

　　① 新しい商品の開発
　　② 新しい生産手段の開発
　　③ 新しい販路の開拓
　　④ 新しい仕入先の獲得
　　⑤ 新しい組織の開発

　第1章で述べた「全自動ポロシャツ製造機」は②に相当します。
　シュンペーターはこれら新結合が「非連続的」に現れる時に経済が発

展する，としました。非連続的とは「過去から連続していない」「過去の延長上にない」という意味です。今までの延長上にはない，全く新しい「何か」を生み出すことがシュンペーターの言う非連続的な新結合であり，これが後にイノベーションと呼ばれるようになります。

　ドラッカーは「現代というイノベーションの時代において，イノベーションのできない組織は，たとえいま確立された地位を誇っていても，やがて衰退し，消滅すべく運命づけられている」（『マネジメント』下269ページ）と述べ，したがって「企業家は体系的にイノベーションを行わなければならない」（『イノベーションと企業家精神』14ページ）と，イノベーションにおける経営者の役割の重要性に言及しています。

　ドラッカーの言うように，現状に甘えているだけではやがて衰退を迎えてしまうわけで，それゆえ企業は，成長を実現し，ライバルとの競争に勝つために，絶えざるイノベーションに果敢に挑戦しています。1958年のインスタントラーメン（日清食品），1979年のウォークマン（ソニー），2007年のiPhone（アップル）の登場は，それまでの社会を劇的に変えるほどのインパクトがあったイノベーションであり，その後の各社の発展にも大きく貢献しました。

　イノベーションによって企業が大きく成長し，社会が劇的に変化してきた事実を見ると，イノベーションをいかに生み出すかという視点を経営戦略に組み込むことの必要性が理解できます。イノベーションは競争力の源泉として，その重要性が認識されているのです。

　「イノベーションはどうしたら生み出すことができるのか」という問いは経営学にとどまらず，経済学や政策学，科学技術の分野においても重要なテーマであり，さまざまな研究が蓄積されています。やがて研究が進むにしたがい，イノベーションを生み出すには何らかの「仕組み」があるのではないか，ということが主張されるようになりました。そして，イノベーションが創出されるプロセスを1つのシステムとしてとら

え，イノベーションを生み出す仕組みを解明しようとする研究が進みました。

　こういった研究の例としては，地域イノベーション・システム，クラスター，オープン・イノベーション，ビジネス・エコシステムなどが挙げられます。これらの研究は，ネットワーク，主体間の相互作用，地理的近接性，生態系など，単一の学問領域を超えて，他分野の知見を積極的に取り入れることにより，イノベーション創出の仕組みに迫ろうとしています。イノベーション研究はより学際的になり，発展を続けているのです。

3．学　習

　ここで言う学習とは，単に「勉強する」という意味ではありません。知識社会においては，知識を「競争力の源泉」としてとらえますが，その時に問題になるのが，組織の競争力を高めるために，組織においていかに知識を創出することができるかということになります。その知識創出のプロセスのことをここでは学習と呼びます。つまり学習とは，「集団的な知識創造のプロセス」ということなのです。

　組織的知識創造はいかに行われるか，そのプロセスを解明した名著に『知識創造企業』があります。同書は，組織的に知識を創造することに成功した企業の知識マネジメントを研究し，そのプロセスを「SECIモデル」（図表2-1）として理論化しました。この中で出て来るキーワードが「暗黙知」と「形式知」です。暗黙知とは，1人ひとりが経験で得た知識で，その人しか持っていない知識のことです。職人の勘，自分だけが体験した特別な経験などがこれに当たります。それに対して形式知とは，組織の誰もが知っている知識のことで，マニュアルやルールがこれに当たります。組織において知識を蓄積していくためには，個人

図表2-1　4つの知識変換モード（SECIモデル）

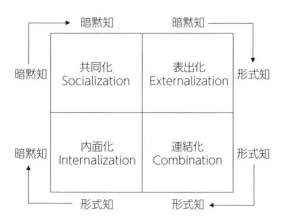

（出所）『知識創造企業』93ページ

の知識を組織の知識にすることが重要になります。つまり，暗黙知を形式知に変えることが求められます。暗黙知が形式知として組織全体の知識となった時，その組織の競争力が高まるのです[3]。『知識創造企業』では，そのためにミドル・マネージャー（中間管理職）の役割が重要であると指摘しています。知識創造に成功した日本企業では，ミドル・マネージャーが「第一線社員の暗黙知とトップの暗黙知を統合し，形式知に変換して，新しい製品や技術に組み入れ」たのです（同書21ページ）。

　1人ひとりが学習すると同時に，組織としていかに学習を促進するか，という問題は，センゲの『学習する組織』でも扱われています。センゲは，学習する組織とは「共に学習する方法を人々が継続的に学んでいる組織」（同書34ページ）であり，「真に卓越した存在になる組織とは，組織内のあらゆるレベルで，人々の決意や学習する能力を引き出す方法

3　SECIモデルによれば，暗黙知から変換された形式知は，内面化の過程を通じて再び暗黙知へ変換されることになる（図表2-1）。しかしビジネスの実務では，暗黙知から形式知への変換をいかに進めるかを考えることが重要である。

を見つける組織」であると述べています（同書35ページ）。そしてその
ためには組織のメンバーに行き渡った「共有ビジョン」が必要であると
しています。センゲによれば，共有ビジョンとは「自分たちは何を創造
したいのか」という問いに対する組織の答えであり，学習する組織に
とって不可欠なものです。共有ビジョンによって学習の焦点が絞られ，
学習のエネルギーが生まれます。そして共有ビジョンを持った学習する
組織を作るためには，リーダーシップのあり方も新しい形が必要である
としました（次節参照）。

　一方，フロリダは「学習地域論」を提唱し，知識の創出と学習におい
て，地域が重要な舞台となることを主張しました。学習地域論において
は，知識やアイデアを集積し，貯蔵し，かつ，それらの流通と学習を促
進するような環境や制度を提供するのが地域の役割であり，地域はイノ
ベーションと経済成長の重要な源泉であるとしています。

　このように学習は集団的な知識創出のプロセスであり，単一の組織の
メカニズムから地域的メカニズムまで，さまざまな視点からのアプロー
チが行われています。

4．リーダーシップ

　リーダーシップは，組織のリーダーが絶対に備えているべき素質であ
ると言えます。組織の方針について，最後に意思決定を行わなければな
らないのはリーダーです。会社を守るために時には従業員を解雇するな
ど，辛い決断を下さなくてはならないこともあります。リーダーの決断
の遅れが致命的な結果を招くこともあります。辛い決断であっても，必
要な時には迷うことなく意思決定を行えることが，一般に「リーダー
シップ」としてイメージされています。

　リーダーはleaderと書くように，「導く人」「組織を引っ張る人」と

いう意味です。「俺について来い」と自ら先陣を切るナポレオンやカエサルのようなリーダーのあり方が，伝統的に理想のリーダーシップであると考えられてきました。自ら先頭に立ち，組織を引っ張るリーダーの姿に，人々は憧れを抱きます。

　これに対しセンゲは，学習する組織の創造に求められるリーダー像は，英雄のようなリーダー像とは違うと主張しています。リーダーに英雄のような姿を重ねるのは，従業員は無力で変革の力がない，という誤った前提にとらわれているからだと言うのです。センゲによれば，学習する組織における新しいリーダー像は「設計者であり，教師であり，執事である」というものです（『学習する組織』462ページ）。リーダーは組織を設計し，教師のように人を育て，そして執事のようにメンバーに奉仕する存在であるべきとしています。

　センゲも述べているように，奉仕するリーダー像という考え方は，グリーンリーフの『サーバントリーダーシップ』から引用されています。『サーバントリーダーシップ』は1977年に出版されました。この時期にすでに，「奉仕するリーダーシップ像」が提唱されていたのです。

　グリーンリーフは，リーダーには組織のメンバーを従わせる権限があるが，その権限は，メンバーが「このリーダーは従うに値する」と認めた場合にのみ与えられるとします。つまり，リーダーはリーダーであるから偉い（権限がある）のではなく，メンバーから認められているからリーダーなのです。もしメンバーからリーダーとして認められなければ，リーダーはリーダーではいられないということになります。そしてメンバーから認められるために必要な資質が，サーバントとしての資質なのです。グリーンリーフは，メンバーに奉仕するリーダーになるためには，メンバーの声に耳を傾け，コミュニケーションを取りながら組織内の問題の解決に当たることが必要であるとしています。そして，サーバントリーダーとしてのリーダーは，ヒエラルキーの頂点に立つ者ではなく，

対等なメンバーの中から第一人者と認められた者であり，立つ位置は組織の頂点ではなく，仲間の中であると主張しています。

　この構造は，民主主義の政治システムにも似ていると言えます。民主主義の政治では，リーダーは生まれながらにしてリーダーなのではなく，選挙で選ばれた場合にのみリーダーになり，権力を手にすることができるからです。

　一方，ラルーは『ティール組織』において，さらに違ったリーダーシップ像を提示しました。同書は，ヒエラルキー的な組織のあり方に異議を唱え，小さな集団が自主経営していく形が未来の経営の形であると主張しています。そしてティール組織におけるリーダーは，社員に配慮し奉仕する存在ですらないと述べています。つまりラルーによれば，ティール組織には権力を与えられたリーダーは存在しないのです。ティール組織は誰が誰に対しても権力を行使せず，しかし組織全体ではより強力になっているような組織です。ティール組織ではメンバー1人ひとりがみなリーダーなのです。

　権力によって人を従わせるのではなく，人々と一緒に行動し，人々に奉仕することの大切さは，ドラッカーも述べています。

　「マネジメントにできなければならないことは学ぶことができる。しかし，学ぶことのできない資質（中略），初めから身につけていなければならない資質が1つだけある。才能ではない。真摯さである」（『マネジメント』中30ページ）。

　この文章はとても有名です。「真摯さ」という言葉は，今も多くのビジネスパーソンに影響を与えています。

5．トレードオフと決断

　トレードオフ（trade off）とは，「両立しえないような事柄について

妥協を得るため，諸条件を考慮すること。妥協による交換条件，歩み寄り」という意味です（研究社『リーダーズ英和中辞典』）。例えば，アルバイトの時間を増やせば収入は増えますが，遊ぶ時間が削られます。この場合，アルバイトによって得られる収入と遊ぶ時間とはトレードオフの関係にあると言います。また，ある場所まで行くのに，タクシーで行けば早く着きますが料金は高くなります。路線バスで行けば料金は安い代わりに，時間がかかります。この場合は，目的地までの時間と交通費がトレードオフの関係になっているわけです。

　このように，トレードオフとは「何かを得るためには何かを失わなければならない状態」のことを指します。トレードオフは身の回りにもビジネスの場でも頻繁に現れます。そしてトレードオフの状態の中では，常に選択のための意思決定をしなければなりません。前述の例で言うと，アルバイトで稼ぎたい収入と，遊びたい時間とを比較した上で，何時間をアルバイトに充てるか，何時間を遊ぶ時間にするかを決定しなければなりません。あるいは，目的地までの時間と費用を比較して，タクシーを使うか路線バスを使うかを決定しなければなりません。このように，トレードオフと意思決定はセットなのです。

　ビジネスの場でよく直面するトレードオフの例に，価格と販売量の関係があります。価格を安くすれば販売量は増えますが，製品1個あたりの利益（単位利益）は減少します。価格を高くすれば単位利益は増えますが，販売量は減ります。このようなトレードオフの関係の中で，企業は利益が最大になるような価格を設定し，意思決定しなければなりません。

　京セラの創業者・稲盛和夫氏は「値決めは経営である」と述べています。価格が安ければ顧客は喜びますが，企業の利益が出ません。価格が高ければ，利益は出ますが，顧客は喜ばず買ってもらえません。つまり，顧客が喜んで買ってくれてかつ企業も利益が出せるような，双方が満足

する価格は一点しかなく，その一点を見極めて価格を決めることが経営者の最大の仕事であると言うのです（『稲盛和夫の実学　経営と会計』）。重要な意思決定を下すことを「決断」と言いますが，経営者の仕事は，経営の根幹に関わる決断の連続だと言えます。

　トレードオフの状態では，常に決断が求められますが，実際に決断を下すことはとても難しいことです。なぜなら，トレードオフにおいては，どちらを選択しても必ず失うものがあるからです。得るものと失うものが同程度の価値のものであれば，なおさら決断は難しくなります。

　特に，何かをやめることや撤退することを決断することは，とても難しいことです。太平洋戦争終戦の決断を見れば，それがよく分かります。1945年3月に東京大空襲が行われ，6月に沖縄が陥落し，敗戦が決定的であったにもかかわらず，日本は終戦の決断ができませんでした。降伏すれば国民のさらなる犠牲は避けられますが，アメリカに占領されてしまいます。戦争を続ければ，当面占領されることはありませんが，国民の犠牲はさらに増えます。どちらを選択しても失うものがとてつもなく大きかったのです。結局，決断の遅れによって8月の原子爆弾投下を招き，日本は失わなくてもいい膨大な数の人命を失いました。このように，「やめる」という決断を下すことはなかなかできないのです。

　撤退の決断が難しい理由を，ミンツバーグは「計画書の硬直性」という考え方で説明しています（『「戦略計画」　創造的破壊の時代』167-172ページ）。彼は，一度決まった計画には硬直性があり，簡単に変更できないバイアスがかかっていると述べています。人間の心理は，一度決めたことをやめることや，今の流れを変えることには抵抗するようにできていると言うのです。これは一種の「慣性」のようなものでしょう。企業改革の場合も同じことが言えます。一度出来上がった企業文化を変えるのは大変なことです。だから，このままでは倒産してしまうと分かっていても，企業改革はうまくいかない場合が多いのです。それでも，

その壁をはねのけ，痛みを伴う決断を下し，企業の危機を救った経営者はたくさんいます。決断を実行できる経営者はすばらしいと言えるでしょう。

第２章　参考文献

稲盛和夫（2000）『稲森和夫の実学　経営と会計』日本経済新聞社。

ルイス・Ｖ・ガースナー・Jr. 著／山岡洋一，高遠裕子訳（2002）『巨象も踊る』日本経済新聞社。

ロバート・Ｋ・グリーンリーフ著／金井壽宏監訳，金井真弓訳（2008）『サーバントリーダーシップ』英治出版。

ジョセフ・Ａ・シュムペーター著／塩野谷祐一，中山伊知郎，東畑精一訳（1977）『経済発展の理論』岩波書店。

ピーター・Ｍ・センゲ著／枝廣淳子，小田理一郎，中小路佳代子訳（2011）『学習する組織』英治出版。

Ｐ・Ｆ・ドラッカー著／上田惇生訳（2007）『イノベーションと企業家精神』ダイヤモンド社。

Ｐ・Ｆ・ドラッカー著／上田惇生訳（2008）『マネジメント』ダイヤモンド社。

野中郁次郎，竹内弘高著／梅本勝博訳（1996）『知識創造企業』東洋経済新報社。

ヘンリー・ミンツバーグ著／中村元一監訳，黒田哲彦，崔大龍，小高照男訳（1997）『「戦略計画」　創造的破壊の時代』産能大学出版部。

フレデリック・ラルー著／鈴木立哉訳（2018）『ティール組織』英治出版。

リチャード・Ｐ・ルメルト著／村井章子訳（2012）『良い戦略，悪い戦略』日本経済新聞出版社。

第3章

アンゾフに学ぶ
企業成長

　本章では，アンゾフの考えを学びます。アンゾフは1960年代に成長ベクトルというフレームワークを提唱し，企業が成長する方向性を示しました。経営戦略論はアンゾフに始まると言われています。アンゾフ以後，さまざまな研究者が戦略の図式化に取り組んできました。アンゾフの考えは50年以上経った現代でも，学ぶべき点がたくさんあると思われます。

1．経営戦略論の誕生

　経営戦略論は言うまでもなく経営学の一分野です。経営戦略論はいつごろ誕生したものなのでしょうか。それを理解するためにまず，経営学という学問の成り立ちの歴史を振り返ってみることにします。

　経営学は19世末から20世紀初頭にかけて誕生したと言われています。この時代に初めて近代的な大企業と呼べるものがアメリカで誕生しました。経営学は，大企業の巨大な組織をいかに効率的に運営するかを考える学問として発展しました。

　チャンドラーの『経営者の時代』によれば，アメリカにおける最初の近代企業は鉄道会社と電信会社でした。アメリカでは西部開拓が進むとともに，鉄道と電信網が全米に広げられていきました。これらの大規模で複雑な鉄道網や電信網を管理するためには，広範囲に分散した事業単位の活動の調整と統制が必要になり，膨大な数の常勤経営者（マネージャー）が必要になりました。さらに，鉄道と電信の発達により商品が大量かつ安価に流通するようになると，商品の大量生産・大量流通が促進されます。企業は大量生産を行うためにその企業規模を拡大し，大規模組織が出現するようになりました。この膨れ上がった大規模組織を管理するための技術が求められるようになったわけですが，鉄道会社と電信会社は，大規模組織を管理する上での模範となったのです。経営学の歴史に関する多くの文献によると，これが経営学の起源とされています。

　20世紀に入り，ファヨールやテーラー，バーナードらが実務に基づいた大規模組織の経営管理手法の理論化を行い，以後，経営学は多様な理論を展開して今日に至っています（『経営管理［新版］』42-62ページ）。

　初期の経営学者たちは，同時に自らも大企業の経営に携わる実務家で

した。彼らの関心は「いかに大組織を管理するか」ということに焦点が当てられていました。この当時はまだ，企業経営に戦略を取り入れる，あるいは企業経営を戦略的に考える，という気運はなかったとされています。経営学は当初，組織を管理する「管理論」だったのです。

　このように誕生した経営学はまだ若い学問であると言えます。経営学の親戚とも言える経済学は，アダム・スミスの『国富論』（1776）が始まりとされており，約250年の歴史があります（本章コラム参照）。それに比べて経営学はまだ100年ちょっとの歴史しかありません。このように若い学問である経営学ですが，20世紀に入り，現実の企業社会の歩みとともに急速に発展していきました。

　やがて，組織の管理にとどまらず，いかに企業を成長させるか，それをどう戦略的に考えていくかという経営戦略論という分野が生まれました。経営戦略論の歴史について書かれた文献はたくさんあり，経営戦略論がいつ誕生したかについては文献によって若干異なりますが，概ね1960年代に登場したとされています。つまり経営戦略論は，若い学問である経営学の中でもさらに新しく，わずか60年ほどの歴史しかありません。しかしこの60年ほどの間に急速な発展を遂げてきたのです。なお，経営戦略論は英語ではstrategic management（戦略経営）と呼ばれるのが一般的なようです。

　『経営戦略の課題と解明』では，経営戦略論の始まりはチャンドラー，アンゾフ，アンドリュースの3人にさかのぼることができるとされています。また『経営学イノベーション〈2〉　経営戦略論（第2版）』では，経営学に戦略概念を初めて明示的に導入した研究はチャンドラーの『組織は戦略に従う』（1962）ですが，チャンドラーの研究は歴史研究が主だったため，経営戦略論において最初に体系的理論を展開したのは，アンゾフの『企業戦略論』（1965）だとされています。

　アンゾフは多くの研究者から経営戦略論の創始者と呼ばれています。

したがって本書でも，経営戦略論の記述をアンゾフから始めていきます。

　アンゾフの経営戦略論を学ぶ上で押さえておきたいキーワードは「成長ベクトル（製品—市場戦略）」「シナジー」「多角化」です。

２．アンゾフの成長ベクトル

　経営戦略論においてアンゾフが重要なのは，「成長ベクトル」というフレームワーク（考え方の枠組み）を提唱し，企業が成長する方向を明快な形で図式化したからです。

　アンゾフは企業戦略の本質はいかにあるべきかという問題意識から，意思決定こそがマネジメントを成功させるための基礎であると考えました。そして戦略的な意思決定とはどうあるべきか，そのプロセスの解明を目指しました。アンゾフは戦略的な意思決定とは，「その企業が生産しようとする製品ミックス[1]と，販売しようとする市場との選択に関するものである」と述べています（『企業戦略論』7ページ）。つまり，戦略とは企業のための最適な製品と市場の組み合わせを選択することである，というわけです。アンゾフの戦略が「製品—市場戦略」と呼ばれる理由です。企業としてどのような製品を作るべきか，どのような市場に進出するべきかを意思決定することがアンゾフの言う戦略なのです。アンゾフは「戦略とは意思決定のためのルール」であると述べています。（同書149ページ）。

　アンゾフは戦略を(1)企業の事業活動についての広範な概念を提供し，(2)企業が新しい機会を探求するための個別的な指針を設定し，(3)企業の選択の過程を最も魅力的な機会だけにしぼるような意思決定ルールによって企業の目標の役割を補足するもの，と定義しました。

1　企業が販売する製品の構成や組み合わせのこと。

　そこでアンゾフが提唱したフレームワークが「成長ベクトル」です。成長ベクトルとは「現在の製品─市場分野との関連において，企業がどんな方向に進んでいるかを示すもの」です（同書136ページ）。これを説明するためにアンゾフは図表3─1のようなマトリックスを提示しました。横軸は製品が現在のものか，新しいものかを表し，縦軸は使命（ニーズ）[2]が現在のものか，新しいものかを表しています。このマトリックスによって，①〜④までの象限ができます。それぞれの象限によって，次のような方向性が示されます。

①　現在の製品を現在の市場に売る──**市場浸透力**
　　現在の市場占有率の増大をもとにして成長方向を示す。
②　現在の製品を新しい市場に売る──**市場開発**
　　企業の製品についてどんな新しい使命（ニーズ）が探求されているかを示す。
③　新しい製品を現在の市場に売る──**製品開発**
　　現在の製品に代わるものとしてどんな新製品をつくり出すかを示す。
④　新しい製品を新しい市場に売る──**多角化**
　　製品と使命との両方の面で，企業にとって全く新しいものを特別に示す。

　アンゾフは成長ベクトルを示すことにより，企業の活動を製品と市場に分解した上で，企業がどんな方向に進んでいるかを示すことができると述べました。アンゾフの成長ベクトルによって，企業をどの方向に成

2　アンゾフは「使命（ニーズ）」という表現をしているが，成長ベクトルは「製品─市場分野の関連」として提示されており，この使命（ニーズ）は市場のことと考えて差し支えない。

長させるかが分かりやすく図式化され，私たちはこれを，戦略を立てるための「考える引き出し」として使うことができるようになったのです。

図表３－１　成長ベクトル

製品 使命 （ニーズ）	現有	新規
現有	①市場浸透力 現在の製品を 現在の市場に売る	③製品開発 新しい製品を 現在の市場に売る
新規	②市場開発 現在の製品を 新しい市場に売る	④多角化 新しい製品を 新しい市場に売る

（出所）『企業戦略論』137ページを参考に筆者作成

３．成長ベクトルを応用する

アンゾフの成長ベクトルは４つの戦略の方向性を示していますが，企業がどの戦略を取るかによってその後の取るべき行動が決まります。戦略は「考え方」であり，考え方があって行動が決まるからです。

まず①の市場浸透力ですが，これは現在の製品・商品[3]を現在の市場・顧客に売るという戦略です。この戦略が成り立つためには，今いる顧客に繰り返し製品・商品を買ってもらうことが必要です。そのためには，今いる顧客をつなぎ留めることが重要になります。

例えば，ポイントカードを持っている人は多いと思いますが，お店が会員制のポイントカードを発行して買い物額に応じて優待しているのは，

3　アンゾフは「製品」としか述べていないが，ここでは「製品・商品」とした。この中にはサービスも含まれる。

顧客を囲い込むための行動です。また雑誌などの定期購読契約も，1年契約よりも3年契約の方が割安になるように価格が設定されています。最近ではサブスクリプションサービス（定額制サービス）が現れています。これらはいずれも，顧客をつなぎ留め，将来も顧客でいてもらうための行動です。

　②の現在の製品・商品を新しい市場・顧客に売るという戦略が成功するためには，市場開発力や顧客獲得力が必要になります。例えば，北海道で成功しているチェーン店が東京に出店して成功するためには，東京の市場についての情報が必要になります。東京の市場を一から開発する力が求められます。また，顧客の獲得の例では，席と席の間に仕切りを作り1人用の席を作ったとんこつラーメン店の例があります。もともとは味わうことに集中してもらいたくて仕切りを作ったそうですが，ラーメン店に1人で入ることに抵抗のあった女性が気楽に入れると評判になりました。結果として，現在の商品であるラーメンを，1人で入るには抵抗のあった女性（新しい顧客）に売った事例となりました。

　このように，②の戦略が成功するためには，今はまだ顧客でない人々にいかに顧客になってもらうかを考えていく必要があります。

　③の新しい製品・商品を現在の市場・顧客に売るという戦略に必要なのは製品開発力です。すでに顧客は持っているわけですから，その顧客のニーズに合った製品・商品を開発することができれば，それを売ることができます。したがって顧客のニーズを把握するためのマーケティング力や製品開発力が必要になります。本来，医薬品や化粧品を売る店であったドラッグストアで食品や雑貨を売っていたり，家電量販店が食品を売ったりしているのは，このような考えに基づいています。

　最近では，ガス会社が電力小売り事業に進出した例が挙げられます。2016年に行われた電力自由化で，電力会社以外でも電力を売ることができるようになりました。この分野には多くの事業者が参入しましたが，

ガス会社もその１つです。ガス会社はガスを各家庭に届けており，すでにたくさんの顧客を持っています。その現在の顧客に，顧客のニーズに合った新商品（割安な電気）を売ったのです。例えば，札幌市近郊を主なエリアとする北海道ガス（北ガス）は，電力自由化の初年度，約６万4,000件の契約を獲得し，2018年度の契約数は約14万2,700件にまで増えました。売上構成もすでに20％を超え，電力は今や，同社の第２の収益源となっています。北ガスのガス契約件数は約57万7,700件ですので，約25％の顧客が電力契約を北ガスに乗り換えた計算になります。

　こうして比べてみると，②と③では必要とされる能力が全く異なることが分かります。企業は，進もうとしている戦略の方向性と合致した行動を取らなければなりません。これを誤り全く反対の行動を取ると，戦略は機能しないことになります。

　一概には言えませんが，北ガスの例を見ると，③の方が成功する確率は高いように思えます。確固とした市場・顧客を持っているということは，やはり強いのです。なお④の多角化については次節で取り上げます。

４．多角化とシナジー

　アンゾフが成長ベクトルで示した４つの戦略の最後は多角化です。多角化は，新しい製品・商品を新しい市場・顧客に売るという戦略ですので，方策は無限にあります。建設会社がレストランを経営する，東京の商社がハワイでホテルを経営するなどです。今までやったことのない，全く新しいことを始めるのですから，この戦略は一番リスクが高い戦略であると言えます。

　この多角化を考える際に重要な概念をアンゾフは示しています。それが「シナジー」です。シナジーを考えることによって，多角化戦略を進めていいかどうかが判断できます。

　シナジーとは日本語で「相乗効果」と訳されます。複数の要素が組み合わされた時に，その結果が各要素の総和よりも大きくなる状態のことを指します。よくビジネスの現場では，「1＋1を2以上にする」ことを「シナジーを発揮する」と言います。このシナジーという用語を最初に使ったのがアンゾフだと言われています。

　アンゾフは，企業は「部分的な力の総和よりも，もっと大きなある結合した力（遂行力）によって，製品—市場の方向を探求している」（『企業戦略論』94ページ）とし，それによって部分的な総和よりも大きな利益が生み出される効果のことをシナジーと呼んでいます（同書99ページ）。

　アンゾフはシナジーを4つに分類しました。

1．**販売シナジー**　いろいろな製品に対して，共通の流通経路，共通の販売管理組織，共通の倉庫を利用する時に起こる。
➢　例えば，メーカー2社で製品を共同配送する，ソフトバンクとY! mobileが共同店舗を展開する，ビックカメラとユニクロが「ビックロ」として共同出店する，航空会社がコードシェア（共同運航便）で互いの座席を販売し合うことなどが当てはまります。
2．**操業（生産）シナジー**　施設と人員の高度な活用，間接費の分散，一括大量仕入などの結果によるもの。
➢　例えば，日産自動車と三菱自動車がグループ化することによりプラットフォームを統一でき，部品調達コストを削減できた事例がこれに該当します。
3．**投資シナジー**　プラントの共同使用，原材料の共同在庫，共通の工具・機械の使用の結果によるもの。
➢　例えば，研究開発企業が共同で研究設備に投資して新薬開発の共同研究を行うことなどがこれに該当します。

4．マネジメント・シナジー　企業が新しい業種に進出した時，経営者の過去の経験や能力によって，新しく直面する経営上の問題を解決できる能力を持っていること。

➤　これは，経験豊富な有能な経営者が，企業買収や合併により業績不振の企業を立て直すことが当てはまります。

　アンゾフは新しい製品―市場分野への進出にあたって，企業がどの程度の利益を生み出す能力があるかを測定するのがシナジーであると述べています（同書138ページ）。そして，シナジーは多角化戦略を選択する場合の重要な判断要素になるとしています。

　言い換えれば，アンゾフは多角化戦略を取る場合には，シナジーが十分に発揮できるかどうかを検討した上で進めるべきであると主張しているのです。多角化戦略は極めてリスクの高い戦略です。新しい製品・商品を新しい市場・顧客に売る戦略であるとは言え，何の関係も脈略もない事業に進出するのではなく，シナジーを発揮することができ，利益を上げる確率が少しでも高くなるように考えないと，成功することはできないと言えるでしょう。

　（なお，多角化については第9章で再度取り上げます）。

コラム　経済学と経営学

　本文で，経済学と経営学は親戚のようなものであると書いた。一般の人の中にはどちらも同じものだろうと考えている人も多いだろう。経済学も経営学も，どちらも何となく「お金」に関することを扱う分野で，字も似ているので，同じようなものなのだろうと思うのも無理はない。筆者も勤務先の同僚の理系の教授から「経済学と経営学の違いが何か，実はよく分からない」と言われたことがある。

　筆者は学生から「経済学と経営学の違いは何ですか？」と質問されたら，次のように答えることにしている。

　経済学は社会全体のことを対象に考え，経営学は1つの企業のことを対象に考える。つまり，経済学と経営学は扱う問題が違うのである。

　経済学の対象は原則として社会全体である。為替や金利，GDP（国内総生産），財の供給と需要の関係など，社会全体における人間の営みを，貨幣価値というモノサシを通して記述しようとするのが基本的な経済学の立場である。そこからさらに進んで，私たちの社会はいかにあるべきか，資本主義と言われている現在の体制は正しいのか，といった問題にも切り込もうとする。経済は市場原理に任せるべきか，それとも政府が市場に介入するべきか，といったことも議論の題材になる。

　これに対し，経営学は基本的には企業（組織）をどう運営していくかを追究する学問である。したがってその対象は1企業である。企業の組織はどうあるべきか，イノベーションを生み出すために，企業はどのような活動をするべきか，商品を売るためにはどのようなマーケティング活動が必要か，などが議論の題材になる。

　例えば，経済学が扱う大きなテーマに「独占」の問題がある。社会全体を考える立場からすれば，独占は悪である。独占が起こると競争原理が働かなくなるからである。競争原理が働かないと，企業は努力すること

をやめ，良い商品やサービスは生まれなくなり，消費者（したがって社会全体）が不利益を被る。したがって経済学の立場では，独占が起こらないように，企業同士を競争させるのが正しい考え方ということになる。経済学は社会全体のことを考えているので，その考え方は政策にも反映される。独占禁止法や不正競争防止法があるのはそのためである。

　しかし，いくら競争が社会全体にとって有益だとしても，競争させられる企業の立場にしてみたら，激しい競争に巻き込まれるのはたまったものではない。したがって企業は，競争に勝ち，自らが生き残るために，いかに競争相手を排除して独占的な立場を手に入れるかを考える。あるいは競争相手のいないところで勝負したり，競争相手が出て来ないような商品・サービスを開発したりして，できるだけ競争相手を遠ざけようと考える。つまり，経営学の立場では，独占状態を作り出すことや競争を避けることは，企業が追求すべき基本的な戦略なのである。

　このように独占の問題1つを取っても，経済学では悪となり，経営学では善となる。どのような立場・考え方を取るかによって，結論は大きく変わる。ここでも自分なりの考え方を持つことがいかに大切なことなのかが分かるであろう。

第3章　参考文献

Ｈ・Ｉ・アンゾフ著／広田寿亮訳（1969）『企業戦略論』産業能率大学出版部。

大月博司編著（2019）『経営戦略の課題と解明』文眞堂。

塩次喜代明，高橋伸夫，小林敏男（1999）『経営管理［新版］』有斐閣。

十川廣國編著（2006）『経営学イノベーション〈2〉　経営戦略論（第2版）』中央経済社。

アルフレッド・Ｄ・チャンドラー，Jr. 著／鳥羽欽一郎，小林袈裟治訳（1979）『経営者の時代』東洋経済新報社。

アルフレッド・Ｄ・チャンドラー，Jr. 著／有賀裕子訳（2004）『組織は戦略に従う』ダイヤモンド社。

第4章

戦略分析のための
ツール

　1960年代に始まったとされる経営戦略論は，その後，飛躍的な発展を遂げます。その過程で，企業の戦略分析のためのさまざまなツールが開発されてきました。活躍したのは，大手コンサルティング企業のコンサルタントたちです。アンゾフが先鞭をつけた戦略の図式化は，1970年代から80年代にかけて，ビジネス界で流行の手法となりました。本章ではそれらのうち代表的なものを紹介します。

1. SWOT分析

　第1章で定義したように，戦略とは「競争に勝つための考え方」です。競争である以上，当然，相手（敵）がいます。したがって自分と相手との関係を理解しなければ，有効な戦略を立てることはできません。つまり，戦略の策定には，外部の状況を理解した上で，それに対応することが求められるのです。ここで言う自分と相手との関係の理解とは，外部の状況と自分の能力とを比較するということです。

　ルメルトは「相手がこちらより弱いところにこちらの強いところをぶつけるのが戦略の定石」（『良い戦略，悪い戦略』36ページ）であり，経営戦略は「自社の強みと弱みをみきわめ，状況のチャンスとリスク（あるいは敵の弱みと強み）を評価し，自社の強みを最大限に活かす」ことであると述べています（同書48ページ）。

　ルメルトが言うように，戦略の策定に際して自社の強みと弱み（内部環境）および状況のチャンスとリスク（外部環境）という枠組みで諸要素を整理・評価した上で分析する手法がSWOT分析です（図表4－1）。

　SWOTとは自社の強み（Strength），弱み（Weakness），状況のチャンス（Opportunity），脅威（Threat）の頭文字です。ミンツバーグは，経営戦略論の発展段階においてさまざまな形で現れた学派を10に分類していますが，SWOT分析は最も初期に現れた学派である「デザイン・スクール」が打ち出したもので，戦略形成において最も影響力のある概念であるとしています（『戦略サファリ（第2版）』26ページ）。

　ミンツバーグによれば，SWOT分析とは「組織を取り巻く外部環境に潜む機会や脅威を考慮した上で，その組織の強みと弱みを評価すること」です（同書26ページ）。アンゾフは戦略の方向性を「製品―市場」という枠組みで示しましたが，SWOT分析では，「外的状況と内的状況

図表4－1　SWOT分析

強み　Strength	弱み　Weakness
自社の強みは何か？	自社の弱みは何か？
機会　Opportunity	脅威　Threat
自社のチャンスはどこにあるか？	自社にとって脅威は何か？

の評価」に重点を置いて戦略を策定します。外的状況の評価とは外部環境に潜む脅威や機会をとらえることであり，内的状況の評価とは，組織が持つ強み・弱みを明らかにすることです。そしてSWOT分析は，企業の内的能力と外的可能性を調和させる，つまり両者を適合させることを目指した戦略作成モデルを提案するものです。この「適合させる」ということがデザイン・スクールのモットーであるとされています。

　SWOT分析はビジネスの現場でよく使われるフレームワークです。『[新版] グロービスMBA経営戦略』では，SWOT分析は戦略策定のツールとして有効であるのみならず，組織内での判断軸の擦り合わせに活用することも可能であると述べられています。つまり，SWOTのフレームワークをベースに，組織メンバーと現状や将来像について議論することができ，「そもそも何が脅威か」「何が我が社の強みなのか」「何に優先的に取り組むべきか」という判断軸が問われる部分についての擦り合わせが的確に行えるのです（同書112ページ）。このことは，組織内における学習プロセスにもつなげることができると言えるでしょう。

　SWOT分析は，戦略をどう作成するかという戦略形成プロセスに関わるものであり，現状を分析し，進むべき方向を明確にするためのものです。つまり，戦略を立てる前段階の準備を行うものであると言えます。SWOT分析を行うことによって，現在の自社の姿や活かせる強み，補うべき弱み，環境の変化へどう対応するか，などが明確になるのです。

次節では，SWOT分析の具体的な進め方について見ていきます。

2．SWOT分析の手順と限界

SWOT分析は，強み，弱み，機会，脅威をリストアップし，図表4−1の表に書き入れることから始まります。これらの項目を考える際には，次のような視点で考えていきます。

- 強み：自社が，他社よりも優れた・勝てる・得意なところは何か？
- 弱み：自社が，他社よりも劣った・負ける・苦手なところは何か？
- 機会：自社にとって有利な・安全な・役立つ外部環境の変化は何か？
- 脅威：自社にとって不利な・危険な・負担増となる外部環境の変化は何か？

記入ができたら，次に図表4−2のように展開します。そうすると，強み，弱み，機会，脅威が交わる領域ができます。この手法を「クロスSWOT分析」と呼びます。それぞれの領域が表すのは次の通りです。

- 強み×機会：もっと伸ばす，積極的攻勢に出る
- 強み×脅威：差別化する
- 弱み×機会：弱みを改善する
- 弱み×脅威：撤退する，捨てる

この考えに従って，それぞれの領域に考えられる方策を記入していきます。SWOTの各要素を書き出すだけでは単なる分析で終わってしまいますが，クロスSWOT分析を行うことにより，取るべき方策を導き

図表4－2　クロスSWOT分析

	機 会　(Opportunity)	脅 威　(Threat)
	自社にとって 有利な・安全な・役立つ 外部環境の変化は何か？	自社にとって 不利な・危険な・負担増 となる 外部環境の変化は何か？
強み（Strength） 自社が，他社よりも 優れた・勝てる・ 得意な ところは何か？	**積極的攻勢に出る**	**差別化戦略を取る**
弱み（Weakness） 自社が，他社よりも 劣った・負ける・ 苦手な ところは何か？	**弱みを改善する**	**撤退（放棄）する**

出すことができます。SWOT分析はこのようにして，戦略立案のツールとして，ビジネスで広く使われています。

　しかしSWOT分析は，その限界も指摘されています。代表的なものは，そもそもSWOTで書き出した項目は正しいのか，という疑問です。ミンツバーグは「組織はいったいどのようにして強みと弱みを知ることができるのだろうか」，組織の能力をどうして「強みだと断言できるのだろうか」と述べ，自社能力の判断の客観性に疑問を投げかけています（『戦略サファリ（第2版）』39-40ページ）。

　そもそも自分たちが強みだと思っていることが，実は全く強みではな

い可能性は十分にあります。分析は自分たちの独りよがりではないのか，独りよがりでないとどうして保証できるのか，と言うのです。強みが間違いなく自分たちの強みであると言うためには，実際にその強みを使って戦ってみなければなりません。ミンツバーグはこの点についても，強みや弱みは経験を通して明らかになっていくべきものであると述べ（同書40ページ），単なる「リストアップ」であるSWOT分析の限界を指摘しています。

『経営学イノベーション〈2〉 経営戦略論（第2版）』では上記に加えて，強み，弱みの評価は，あくまで現時点での組織の強みを考慮してなされるので，環境が変化していれば，自社の強みがいつまでも強みのまま維持される保証はないことを指摘し，SWOT分析はそこを軽視しているとしています（同書95ページ）。

さらに付け加えるなら，SWOT分析は項目の優先順位はどうあるべきかという問いには答えてくれません。それを判断するのは分析者の戦略観ということになります。

このようにSWOT分析は万能ではありませんが，特質をよく理解すれば，ビジネスに役立つツールであり，事実，今でも多くの企業で戦略立案のために活用されています。

3．PPM

SWOT分析と並んで，ビジネスパーソンの間でよく学ばれている手法がPPMです。PPMはProduct Portfolio Managementの略で，1970年代にアメリカの大手コンサルティング企業であるボストン・コンサルティンググループ（BCG）が開発しました。大前研一によれば，PPMとは「多岐にわたる製品系列相互のバランスを，おのおのの製品系列の持つ収益性，成長性，キャッシュ・フローなどの点から，それぞれ異

なった戦略を適用することにより，全体として企業全体の目標に近づけようとする管理技術」のことを指します（『新装版 企業参謀』96ページ）。

　もともとは1960年代に業績が低迷していたGE（ゼネラル・エレクトリック社）が，低迷から脱却するために外部のコンサルティング企業を活用して編み出した経営管理手法であり，BCGがそれを分かりやすく図式化したとされています。

　PPMでは企業の製品を市場成長率とマーケット・シェアという軸で分類し分析しようとします（図表4－3）。縦軸に市場成長率，横軸に相対的シェアを取ると，4つの象限ができます。なお，ここで相対的市場シェアは「自社のシェア÷最大競争相手のシェア」とします。BCGは，分析を分かりやすくするため，それぞれの象限に特徴的な名前を付けました。

図表4－3　PPM

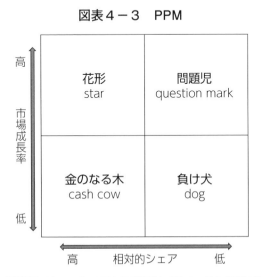

（出所）『［新版］グロービスMBA経営戦略』120ページを参考に筆者作成

相対的シェア	高	市場成長率	高	花形
相対的シェア	高	市場成長率	低	金のなる木
相対的シェア	低	市場成長率	高	問題児
相対的シェア	低	市場成長率	低	負け犬

　この分類によって分かることは，どの事業（製品）が資金を必要とするか，また，どの事業（製品）が資金を生むか，ということです。

　花形は相対的シェアが高く，市場成長率も高い製品分野です。シェアが高いのでそこから得られるキャッシュが多い代わりに，市場の成長が続いているので，シェアを維持するための投資も必要になります。お金が稼げる分野だけに，この分野への投資は重点的に行わなければなりません。

　金のなる木は，相対的シェアは高いが，市場成長率は低い製品分野です。シェアが高いのでそこから得られるキャッシュは多いですが，市場は伸びていないので，投資はそれほど必要ありません。この分野はキャッシュを一番生み出す分野と言えます。

　問題児は，相対的シェアは低いが，市場成長率は高い製品分野です。この分野はこれからシェアを拡大するために，資金投資が必要になります。将来シェアを高めることができれば花形に移行することができます。

　負け犬は相対的シェアも低く，市場成長率も低い製品分野です。シェアが低いのでキャッシュも生み出せず，市場も成長していないので投資もしてはいけません。この分野では，今得られるだけのキャッシュを獲得したら，速やかに撤退することが求められます。

　このように，PPMの図式は分かりやすく，どの分野からキャッシュを稼げているのか，そして今後どの分野にキャッシュを投資すべきかを判断する材料とすることができるのです。

4．分析ツールの限界

　PPMはシンプルで分かりやすい図式ですが，デメリットももちろんあります。その1つが，分析軸が市場成長率と相対的シェアだけであるため，状況に応じた解釈ができず，柔軟性に欠けることです。例えば，全く新しい分野への進出の際には，市場成長率はあくまで予測するしかなく，恣意的になってしまうという問題があります（『[新版] グロービスMBA経営戦略』120ページ）。

　GEはこのPPMの欠点を克服し，多角化した事業に関連するより多くの要素を加味した分析ツールとして，「ビジネススクリーン」を開発しました。ビジネススクリーンは，縦軸に業界の魅力度，横軸にビジネスの強みを取り，それぞれを高，中，低／強・中・弱の3段階に分けます。「魅力度が高・強みが強」「魅力度が高・強みが中」「魅力度が中・強みが強」は積極投資，「魅力度が中・強みが中」「魅力度が高・強みが弱」「魅力度が低・強みが強」は現状維持，「魅力度が中・強みが弱」「魅力度が低・強みが中」「魅力度が低，強みが弱」は投資抑制および撤退として分析されます（図表4－4）。

　このように，SWOT分析やPPMの登場以降，特にコンサルティング企業や大企業という実務分野を中心に，さまざまな分析ツールが開発されてきました。分析ツールの最大の長所は，戦略の立案や戦略の方向性を考える際に，さまざまな要素が見やすく整理され図式化されているという点です。

　こうした分析ツールはある面では有用ですが，万能ではありません。大前研一は，PPMの目的について「トップの思考過程を，厳格なプロセスを用いて"補助する"ことにある」と述べています（『新装版 企業参謀』112ページ）。つまり，ツールはあくまで補完物なのです。にも

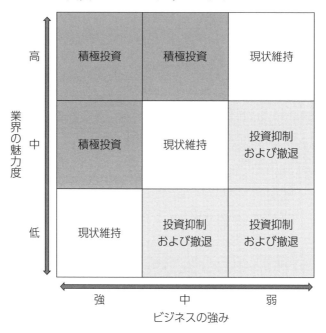

図表4-4　ビジネススクリーン

	強	中	弱
高	積極投資	積極投資	現状維持
中	積極投資	現状維持	投資抑制 および撤退
低	現状維持	投資抑制 および撤退	投資抑制 および撤退

業界の魅力度（縦軸）　ビジネスの強み（横軸）

（出所）『［新版］グロービスMBA経営戦略』121ページを参考に筆者作成

かかわらず，ビジネスの世界では，データを集めて分析しさえすれば，それで戦略が立案できるという風潮が醸成されてきました。『知識創造企業』では，これを「分析麻痺症候群」と呼んで警鐘を鳴らしています（同書60ページ）。データという机上の情報だけで物事を判断し，現場の知恵を軽視した結果，経営が現場から乖離していると言うのです。

　分析への過度な偏重に対して痛烈な批判を浴びせているのがミンツバーグです。ミンツバーグは，マネジメントはアート，クラフト，サイエンスの3要素が必要であり，これらのバランスを取ることが重要であると主張しています。アートは創造性に関するものであり，直感やビジョンを生み出します。クラフトは，目に見える経験を基礎とした実務

性です。簡単に言うと現場での経験です。そしてサイエンスが，体系的な分析です。ミンツバーグは，MBA教育はこれら３要素のうち，サイエンスにあまりにも偏っていると批判しています。アメリカでは，MBAコースを卒業した若者が，現場の経験を得ずに企業の幹部として就職する例が多くあります。彼らは，経験をないがしろにして分析を重んじ，そうした発想のまま企業の重役室に乗り込み，機能不全型のマネジメントを実践してしまうのです（『MBAが会社を滅ぼす〜マネジャーの正しい育て方』128ページ）。

　ミンツバーグは，分析（サイエンス）は不要だと言っているわけではありません。分析にのみ頼るのは正しいマネジメントの姿ではないと言っているのです。データを集めて分析しさえすれば成功するのなら，たぶん誰でも成功できるからです。しかし現実の企業経営はそうではありません。物事をどう考えるかというアートと，現場で蓄積された経験であるクラフトとをサイエンスに組み合わせることによって，初めて成功への戦略が描けるのだと言えます。

５．創発的戦略

　これまで紹介してきた分析ツールは，戦略を立案するためのものでした。ミンツバーグは，分析を過度に偏重したマネジメントを批判したわけですが，それではミンツバーグは，戦略はどのように形成されると考えたのでしょうか。

　ミンツバーグは，戦略には「当初に意図された戦略」と「実現された戦略」の２つがあるとします。その上で，「実現した戦略は常に当初に意図した戦略である必要があるのだろうか」と問題提起します（『「戦略計画」　創造的破壊の時代』76ページ）。これまでの分析ツールによる戦略策定では，企業の外部環境や内部の能力を事前に網羅的に収集し，

それらを整理・分析した上で取るべき戦略を作成してきました。外部環境も内部の能力もすでに精査が終わっているので，そこから作成された戦略は，「あとは実行するだけ」ということになります。しかしSWOT分析のところでも述べたように，分析は万能ではありません。外部環境や内部の能力を評価するのはあくまで自分たち自身であり，その評価が正しいかどうか，客観的に判断することはできません。もしかしたらその判断が間違っているかもしれないのです。にもかかわらず，分析が終わった後は「策定された戦略を実行するだけ」というのは危険をはらんでいるのではないでしょうか。

　分析の結果作成された戦略が，その後一切の変更なしに進むなどということは現実には不可能だとミンツバーグは言います。特に，外部環境が計画作成時と全く同じである保証はどこにもないからです。

　ミンツバーグは，実現された戦略は必ずしも最初から明確に意図したものではないと言います。そうではなく，計画された戦略を進めていくうちに，予期せぬ問題に直面しながら，いわば「後付け」で修正されながら形成されるものであるととらえました（図表4－5）。「戦略は作成されるのではなく，形成される」のです（同書79ページ）。ミンツバーグはこのような戦略を「創発的戦略」と呼びました。創発的戦略は，集合的なプロセスで「学習」された結果，現れるものです（学習の概念については第2章参照）。つまり「実現された戦略は最初から明確に意図したものではなく，行動の1つひとつが集積され，そのつど学習する過程で戦略の一貫性やパターンが形成される」のです（『戦略サファリ（第2版）』12ページ）。これは，当初の戦略を進めていくうちに，当初は予期しなかった状況の変化に直面し，そのつど対応していった結果，知らず知らずのうちに，あるいは気がついたら，別の戦略が形成されていたということを意味します。

　ミンツバーグは例として，あるセールスマンが既存製品を新規顧客に

図表4−5　ミンツバーグの創発的戦略

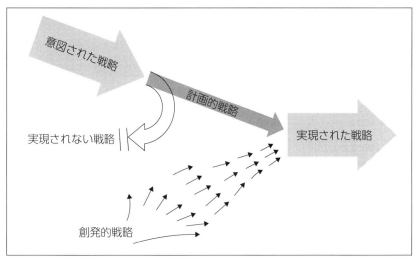

（出所）　『戦略サファリ（第2版）』13ページ

販売し，そして他のセールスマンがそのセールスマンの行動を目にして，同じことをやり始めたと仮定します。すると，数日後または数カ月後には，その企業は新市場に進出したことにマネージャーは気づくことになると言います（『「戦略計画」　創造的破壊の時代』79ページ）。

　ミンツバーグは，戦略は最初から完璧に決められるものではなく，企業が変化に対応した結果，形成されると主張して，分析一辺倒の風潮に警鐘を鳴らしました。しかし，分析的な計画作成が悪いと言っているわけではありません。分析によって事前に完璧に計画することと，後から事態の変化に柔軟に対応する創発的な考えのどちらも大事で，両者のバランスを取ることが必要だと言っているのです。「効果的な戦略というのは，予期せぬ出来事への対応力と予測する能力を兼ね備えたこれら2つの戦略の組み合わせ」なのです（『戦略サファリ（第2版）』13ページ）。

第4章　参考文献

大前研一（1999）『新装版 企業参謀』プレジデント社。

グロービス経営大学院編著（2017）『［新版］グロービスMBA経営戦略』ダイヤモンド社。

十川廣國編著（2006）『経営学イノベーション〈2〉 経営戦略論（第2版）』中央経済社。

野中郁次郎，竹内弘高著／梅本勝博訳（1996）『知識創造企業』東洋経済新報社。

ヘンリー・ミンツバーグ著／中村元一監訳，黒田哲彦，崔大龍，小高照男訳（1997）『「戦略計画」 創造的破壊の時代』産能大学出版部。

ヘンリー・ミンツバーグ著／池村千秋訳（2006）『MBAが会社を滅ぼす～マネジャーの正しい育て方』日経BP社。

ヘンリー・ミンツバーグ，ブルース・アルストランド，ジョセフ・ランペル著／齋藤嘉則監訳（2013）『戦略サファリ（第2版）』東洋経済新報社。

リチャード・P・ルメルト著／村井章子訳（2012）『良い戦略，悪い戦略』日本経済新聞出版社。

第5章

ポーターの
競争戦略論

　本章ではポーターの競争戦略論について学びます。本書の前半のハイライトであると同時に，経営戦略論の学習の上でも重要な部分です。本文でも述べていますが，ポーターの登場によって，経営戦略論が一気に発展したと言っても過言ではありません。本章は分量が多いので，授業では2回分に相当するものとして学習してください。

1．ポーターの競争戦略論の登場

　経営戦略論を学ぶ上で，マイケル・ポーターの競争戦略論は必須の内容です。今日，多くのビジネスパーソンが社会人大学院等で経営戦略論を学んでいますが，ポーターの提唱したフレームワークは経営戦略論を学ぶ者なら誰もが知っていなければならないものであり，かつビジネスパーソンに最も人気のある内容であると言ってよいでしょう。

　ポーターはハーバード大学大学院で博士号を取得し，1973年，26歳でハーバード大学ビジネススクールの教員となります。そして82年には同校史上最年少の正教授になりました。

　ポーターの名を一躍有名にしたのが，80年に出版された『競争の戦略』です。ミンツバーグは，1980年代初頭から「戦略マネジメント（経営戦略論）」という分野が「離陸した」と述べていますが（『戦略サファリ（第２版)』98ページ），その大きな契機になったのが『競争の戦略』の出版でした。同書は「この世代の学者やコンサルタントを釘付け」（『戦略サファリ（第２版)』99ページ）にするほど，一大旋風を巻き起こしました。本書第３章では，経営戦略論の創始者はアンゾフであるという立場を取りました。アンゾフによって，企業をどの方向に成長させるかが分かりやすく図式化され，私たちは戦略を立てる上での「考える引き出し」を得ることができるようになったと述べました。言い換えれば，アンゾフの成長ベクトルは，「戦略を立てるため」のツールを提供していることになります。これに対してポーターは，戦略の内容そのものに着目したところに功績があると言われています。まさに，ポーターによって経営戦略論の歴史の転換が行われたと言えるでしょう。このような点から，現代の経営戦略論の出発点はポーターの競争戦略論にあるとする評価もあります（『ダイナミック・ケイパビリティの戦略経

営論』2ページ)。

　ポーターの功績は，ビジネスパーソンが簡単に用いることができるような説得力のあるフレームワークを提供したことにあると言われています（『[新版] グロービスMBA経営戦略』26ページ）。ポーターが提唱したファイブ・フォース分析や価値連鎖などの戦略分析ツールが画期的で有用なものであったため，広く評価されるに至ったのです（『経営戦略の課題と解明』8ページ）。

　ポーターによれば，競争戦略とは業界の競争要因からうまく身を守り，自社に有利なようにその要因を動かせる位置（ポジション）を業界内に見つけること（『競争の戦略』18ページ）であり，競争相手よりもすぐれている点を生かして，その価値を最大にするように事業を位置づけること（ポジショニング）です（同書73ページ）。このことからポーターの競争戦略論は一般に「ポジショニング」戦略と呼ばれています。

　この記述から分かるように，ポーターは分析軸を「業界」に置いています。これは，ポーターが産業組織論[1]のSCPパラダイムを援用したことに起因します。SCPとは Structure（構造），Conduct（行動），Performance（成果）の略で，企業の〈成果〉はその企業の〈行動〉の結果であり，企業の〈行動〉は業界の〈構造〉によって決まるとする考え方です。従来は経済学で発展してきたSCPパラダイムを経営学に応用し，経営戦略論の新しい分野を切り拓いたところにポーターの功績の偉大さがあります。

　ポーターは競争戦略をつくる際には，会社が競争を仕掛けたり仕掛けられたりしている業界構造のあり方を中心に考えなければならないと述べました（同書17ページ）。業界内で競争が起こる要因は，業界の経済

1　ミクロ経済学を応用して産業組織（企業内の組織，一産業内での企業間の関係，産業間の関係，企業と国家の関係）や企業行動を分析する学問分野（『プラクティカル産業組織論』3-4ページ）。

的構造の中にあり，その競争状態を決める要因は基本的に５つであるとしました。そしてこの５つの要因の強弱によって，業界の収益性が決まるとしました。これをポーターの「ファイブ・フォース分析」と呼びます。ポジショニングとは，業界それぞれによって違う競争環境の中で，いかに有利なポジションを取るかを考えていくことなのです。次節ではこのファイブ・フォース分析について述べていきます。

２．ファイブ・フォース分析

　ポーターが業界の競争状態を決める要因として挙げたのは次の①〜⑤の５つです（『競争の戦略』17-48ページ）。

①　新規参入の脅威

　ある業界に新規参入が起こると競争が激しくなり，価格が低下するか，対抗するためのコストが上昇するので，業界の収益性は低下します。新規参入がどのくらいあるかは，参入障壁がどのくらいあるか，また既存業者が新規参入者に対して，どのくらいの反撃を起こすと参入者が予想するかによって決まります。逆に言えば，参入障壁を高くすれば新規参入を防ぐことができ，競争激化は避けられます。

　参入障壁とは，その業界に参入するのにどれだけの困難があるか，ということを表すもので，例えば規模の経済[2]やスイッチング・コスト[3]が挙げられます。

2　生産規模を拡大した時，産出量が規模の拡大以上に増大すること。規模の経済が働いている市場に参入するためには，ライバルに追いつくために莫大な投資を必要とするので，参入障壁になる。
3　取引先などを変更するためにかかるコスト。

②　既存業者間の敵対関係

　既存業者間の敵対関係が激しければ激しいほど，価格競争やサービス合戦などが繰り広げられ，競争は激しくなり業界の収益は低下します。同業者が多いか，似たような規模の企業がひしめき合っている業界では競争が激しくなります。また業界の成長が遅い場合も，限られた市場を奪い合うことになるので競争は激しくなります。また，他社との違いが打ち出しづらい業界，スイッチング・コストが低い業界，撤退障壁（参入障壁の逆）が高い業界も同様です。

③　代替製品からの圧力

　競争は，同業者間だけで行われるとは限りません。代替製品を製造する他の業界の企業とも，競争が行われる場合があります。特に注意しなければならないのは，現在の製品よりも価格対性能比が良くなるような代替品や，高収益を上げている業界によって生産されている代替品です。このような代替品は低価格で攻勢を仕掛けてきます。これらを迎え撃つには，業界を挙げての共同行動での反撃が必要になります。具体的には，共同での品質改善，広告宣伝，マーケティング活動などです。業界を挙げての反撃が無理な場合は，正面からぶつかるのを避ける選択肢も検討する必要があります。

④　買い手の交渉力

　買い手（顧客）は，値下げを迫ったり，もっと高い品質やサービスを要求したり，売り手同士を競わせたりして，業界の収益を低下させます。買い手の力が強まるのは，①買い手が集中して大量購入する，②製品が標準品で差別化されていない，③スイッチング・コストが低い，④買い手が当該製品を垂直統合によって内製化しようとする，⑤売り手の製品

が買い手の製品やサービスの品質にほとんど関係がない，⑥買い手が十分な情報を持つ場合です。

⑤　売り手の交渉力

売り手（供給業者）は，値上げをする，あるいは品質を下げるなどの交渉を通じて買い手に影響力を行使します。売り手の力が強いと，業界の収益は低下します。売り手の力が強まるのは，①売り手の業界が少数の企業で支配されている，②買い手業界が売り手にとって重要な顧客ではない，③売り手の製品が買い手にとって重要な仕入品である，④売り手の製品が差別化された特殊な製品であり，代替のためのコストがかかる，⑤売り手が川下統合で自ら販売する姿勢を見せる場合です。

3．競争優位

競争優位という概念は，経営戦略論を学ぶ上でとても重要な概念です。企業はライバルとの競争に勝つために戦略を立てますが，勝つためには競争する上での優位な立場を獲得しなければなりません。経営戦略の目的は，競争優位の獲得にあると言えるのです。

「競争優位」とは文字通り「競争する上での優位性」という意味です。競争相手と戦う上で最初から優位に立っている状態のことを指します。簡単に言えば，戦っても勝ち目がないと相手に思わせるような状態のことであると言えます。ポーターは『競争の戦略』に続き，1985年に『競争優位の戦略』を出版し，本格的に競争優位の概念について論じました。経営戦略論の分野で競争優位の問題が重要な問題として理解されるようになったのは，ポーター以降のことであると言われています（『経営戦略の課題と解明』40ページ）。

またビジネスの現場でも，企画会議などで頻繁に「競争優位」という

言葉が出て来ます。「我が社の競争優位を最大限活かして」とか「競争優位を持った商品で」などのように使われます。ルメルトは，競争優位という言葉は，ポーターの著書によってビジネス界にもすっかり定着したと述べています（『良い戦略，悪い戦略』219ページ）。

　このように，競争優位は競争する上での優位性という意味でとらえることができますが，では具体的にどのような状態を指すのかというと，文献によってさまざまな定義がなされており，統一的な見解がないのが現状です（『経営戦略の課題と解明』42ページ）。ここでは，ポーターの見解を見る前に，他の文献のいくつか代表的な定義を挙げておきます。

- 同一市場において，2つ以上の企業が競合しているとき，ある企業が，継続的に高利潤率をあげている，またはあげる可能性を有している場合（『グラント現代戦略分析（第2版）』227ページ）
- 企業の行動が業界や市場で経済価値を創出し，かつ同様の行動を取っている企業がほとんど存在しない場合（『企業戦略論』上33ページ）
- 事業展開あるいは組織運営上の各プロセスにおいて競合他社と比較して相対的に優れた能力（『経営学とベンチャービジネス』182ページ）

　さて，「競争優位」という言葉を世に広めたポーターは，競争優位は「会社が競争の激しい市場で業績を伸ばすための決め手」（『競争優位の戦略』vページ）であり，「会社が買い手のためにつくり出すことのできる価値から生まれてくる」ものであるとしました（同書5ページ）。ポーターによれば，競争優位とは，同品質のものを他社よりも安い価格で提供するか，同価格なら他社よりも良い品質のものを提供するか，そのどちらかです。そして，長期にわたって平均以上の業績を上げられる

土台となるのが「持続力のある競争優位」なのです（同書16ページ）。

　ポーターは，会社が顧客に与えることのできる価値を「価格」と「品質」に分解した上で，競争優位を勝ち取る方法について検討しています。ここから導き出される結論は，競争に勝つためには，他社よりも圧倒的に安いコストで勝負するか，他社よりも圧倒的に良い品質（あるいは違った品質）で勝負するかのどちらかであるということになります。事実，ポーターは「競争優位のタイプは2つに絞ることができる。低コストか，差別化かである」と述べています（同書16ページ）。

　このような基本的な考えに立ち，ポーターは，競争優位を勝ち取るための3つの基本戦略を示しました。それは①コスト・リーダーシップ戦略，②差別化戦略，③集中戦略です。そして競争優位を達成するためには，会社はこれらの中から選択を行わなければならないと述べています。つまり，どんなタイプの競争優位を求めるのか，狙う戦略ターゲットの幅をどうするのかについて，会社は選択を行わなければならないと主張したのです。次節からは，この3つの基本戦略について詳しく検討していきます。

4．3つの基本戦略〈1〉——コスト・リーダーシップ戦略

　ポーターが示した3つの基本戦略は，狙うセグメント[4]（戦略ターゲットの幅）と競争優位のタイプの組み合わせによって，図表5−1のように分けられます。広いターゲットで低コストを追求するのがコスト・リーダーシップ戦略，広いターゲットで差別化を行うのが差別化戦略，狭いターゲットを狙うのが集中戦略で，集中戦略はさらにコスト集中戦

4　部分や分野のこと。例えば飲料市場は，炭酸飲料分野，緑茶飲料分野，コーヒー分野などのグループに分けることができる。このそれぞれのグループのことをセグメントと呼ぶ。

図表５－１　３つの基本戦略

		競争優位	
		他社より低いコスト	差別化
戦略ターゲットの幅	広いターゲット	1. コスト・リーダーシップ	2. 差別化
	狭いターゲット	3A. コスト集中	3B. 差別化集中

（出所）『競争優位の戦略』16ページ

略と差別化集中戦略に分けられます。

コスト・リーダーシップ戦略は，コスト面で最優位に立つことを狙うもので，広い範囲のターゲットを持ち，多数のセグメントに向けて，他社より圧倒的に安いコストで勝負するという戦略です。ポーターは，この戦略には，効率の良い規模の生産設備を積極的に建設し，コストおよび間接経費を厳しく管理するとともに，コストを最小限に切り詰めることが必要であると言います。また，零細な顧客との取引を避け，大量販売ができるようにすべての大量顧客グループにサービスをすることも考えるべきであると主張しています。

さらに，圧倒的な低コストの実現には，相対的に高い市場シェアを確保することや，他社より有利な原材料調達方法を実現することなどが必要とも述べています。大型量販店が圧倒的な物量を背景に，大量仕入を

実現して仕入価格を下げ，低価格販売を行っているのは，コスト・リーダーシップ戦略の例です。

　ポーターによれば，この戦略の実行には，最優秀な生産設備に事前の巨額投資を行ったり，攻撃的な価格設定をしたりするなど，市場シェア確保のための出発時の赤字の覚悟が求められます。キャッシュレス決済業者が，サービス開始時に採算度外視のキャッシュバック・キャンペーンを行ったり，新規の携帯電話会社が破格の低価格で市場参入したりするのは，このような理由からです。

　ポーターは反面，コスト・リーダーシップ戦略といえども差別化の要素を無視することはできないと言います。いくら安くても，その製品の品質が顧客から満足いくものと認められなければ，さらに値下げをせざるをえず，利益を失ってしまうからです。またコスト・リーダーシップ戦略は，同じ戦略を取る企業が複数ある時には，際限のない価格競争に巻き込まれることになります。ポーターは「競争戦略とは，他社との違いを打ち出すこと」（『[新版] 競争戦略論Ⅰ』98ページ）であり，「戦略とは，独自性と価値の高いポジションを創造すること」と述べています（同書111ページ）。ポーターが，競争に勝つためには差別化戦略が最も重要であると考えていることが，このことから分かります。

　なお，コスト・リーダーシップ戦略のリスクとしてポーターは，以下の4点を挙げています。

① 過去の投資や習熟が無駄になってしまうような技術の変化。
② 業界への新規参入者が模倣または新しい生産設備に投資することにより，低コストの方法を身につける。
③ コストにばかり注意を集中してしまい，製品やマーケティングを変えなければならない事態を見逃す。
④ インフレでコストが上昇したために，ライバルとの十分な価格差

を維持できる能力が失われてしまう。

5．3つの基本戦略〈2〉──差別化戦略

　孫子は，戦争の極意は「戦わずして勝つ」ことであると説きました。激しい戦闘の結果，勝利を収めたとしても，こちらにも甚大な被害があり消耗してしまったのでは，本当の意味で勝ったとは言えません。日露戦争では日本がロシアに勝ったことになっていますが，実状は国力を使い果たし，何とか講和にこぎつけたというのが本当のところだとされています。

　コスト・リーダーシップ戦略では，ライバルも同じ戦略を取ってきた場合，際限のない値下げ競争，コスト競争に巻き込まれることになり，戦いに勝ったとしても，こちらもダメージを受けることになります。そうならないためには，いかに競争を避け，競争相手のいない位置を占めるかが重要になってきます。ポーターの競争戦略の本質は，業界の競争要因からうまく身を守り，自社に有利なようにその要因を動かせる位置（ポジション）を業界内に見つけることであり，「差別化」にあることは先に述べた通りです。

　差別化とは簡単に言えば，ライバルがしていないことをする，他社とは違ったことをするという意味です。ビジネスの現場でも，差別化は重要なキーワードになっています。「いかに差別化した製品を生み出すか」「○○でサービスを差別化する」などの会話が日常的に交わされています。

　ポーターによれば，差別化は，製品やサービスを他社と違うものにして，自社を業界内で特異性を持つ存在にする戦略です。この製品やサービスは自社以外にはないという状態を作ることを目指します。顧客は自社以外からその製品を買えないので，他社よりも高い価格で売ることが

できます。つまり，ある種の「独占状態」を作り出せるわけです。もちろんコストを全く無視していいわけではありません。いくら自社しか扱っていない製品でも，法外な価格だと顧客は買ってくれません。「差別化戦略では，コストを無視してよいのではなくて，コストが第1の戦略目標ではない」ということなのです（『競争の戦略』59-60ページ）。

　差別化を実現する方法としてポーターは，①製品設計やブランドイメージの差別化，②技術の差別化，③製品特徴の差別化，④顧客サービスの差別化，⑤ディーラー・ネットワークの差別化などを挙げています。そして，差別化を実行する際には，どれか1つの方法を単独で取り入れるのではなく，複数の差別化の方法を組み合わせることを推奨しています。

　ただし差別化が極端になると，一部特定の市場だけを対象にしなければならなくなり，市場シェアの確保が不可能になる場合があることも指摘しています。この他にも差別化戦略のリスクとしてポーターは以下の3点を挙げています。

①　低コストを実現した業者と差別化を実現した業者の間のコストの差があまりにも開きすぎて，差別化によるブランド・ロイヤリティ[5]が維持できなくなる。
②　差別化の要因に対する買い手のニーズが落ち込む。
③　模倣が盛んになって，買い手が差別化と認めなくなる。

　①については，先に述べた通りです。どんなに差別化された製品でも，あまりにも他社とかけはなれた価格では，顧客は買ってくれないからです。また③の「模倣」への対応も，差別化戦略の重要な課題です。差別

5　買い手がある商品（ブランド）を，それへの好意的な態度に基づいて継続的に購入すること。「このブランドだから買う」という買い手の認識の度合いのこと。

化は，ライバルに模倣されるとその優位を失います。差別化戦略による競争優位を維持するためには，模倣されないための仕組みを構築するか，次々と差別化された新製品を開発し続けるかのどちらかが必要になります。このことはコンビニ各社の競争を見れば理解できます。コンビニ業界では，新しいサービスが登場するたびに，すぐに他社が模倣して追撃するという歴史を繰り返してきました。差別化をめぐり各社が激しい競争を繰り広げてきた結果，コンビニ業界は大きく発展してきたのだと言えます。

6．3つの基本戦略〈3〉——集中戦略

　ポーターは，競争優位を勝ち取るためには低コスト化か差別化を行わなければならないとして，基本戦略を提示しました。これまで見てきたコスト・リーダーシップ戦略と差別化戦略は，基本的に業界全体をターゲットにして考えられてきました。それに対して集中戦略は，特定の買い手グループ，特定の製品の種類，特定の地域市場などへ企業の資源を集中する戦略です。つまり，業界全体ではなく，業界内の狭い範囲やセグメントを絞って狙う戦略です。

　集中戦略はさらに2種類に分けられます。狭い範囲の中で，コスト優位を求めるのがコスト集中戦略であり，狭い範囲の中で差別化を行うのが差別化集中戦略です。このように2つに分けられる集中戦略ですが，ポーターは，集中戦略を取ることにより，より効果的でより効率の良い戦いができ，特定のターゲットのニーズを十分に満たすことで差別化または低コストが両方とも達成できる場合があると述べています。

　集中戦略のリスクとしてポーターは，以下の3点を挙げています。

①　拡散戦略を取る業者と集中戦略を取る企業の間のコスト差が開い

てきて，絞り込まれた狭いターゲットを取引相手にすることのコスト優位が失われたり，集中戦略で達成された差別化が相殺されたりしてしまう。

② 戦略的に絞ったターゲットと市場全体とで要望される製品やサービスの間に，品質や特徴面での差が小さくなる。

③ 戦略的に絞ったターゲットの内部に，さらに小さな市場を同業者が見つけて，集中戦略を進める企業を出し抜いてしまう。

　さらに言えば，集中戦略は狭い範囲を狙っているので，競争相手は少ないと考えられますが，その分，大きな売り上げを得ることはできない場合が多いと思われます。また，市場が限られているために，外部環境の変化によって一気にその市場が消滅するリスクを抱えています。

　以上，ポーターの３つの基本戦略を見てきました。ポーターは，これらの戦略を実行するには，それぞれ違った経営資源や熟練が必要であり，求められる組織のあり方，管理手順，新製品開発体制も異なると言います。どの戦略を成功させるにも，必要となるものが何かを考えた上で経営資源を投入すべきだと主張しています。詳細は図表５－２の通りです。

図表5－2　3つの基本戦略と必要とされる資源・組織

基本戦略	必要な熟練と資源	必要な組織のあり方
コストのリーダーシップ戦略	長期投資と資金源探し 工程エンジニアリングの熟練 労働力の綿密な監督 製造を容易にする製品設計 低コストの流通システム	厳密なコスト統制 コントロール報告は頻度多く詳細に 組織と責任をはっきりさせる 厳密に定量的目標を実現した場合の報償制度
差別化戦略	強力なマーケティング能力 製品エンジニアリング 創造的直観 基礎研究力 高品質またはテクノロジー主導という評判 業界内の歴史が古くまたは他の事業経験からの熟練の独自の組合わせ 流通チャネルからの強い協力	R&D，製品開発，マーケティングのうまい調整 定量的測定よりも主観的測定による報償 高熟練工，科学者や創造的人間を惹きつける快適さ
集中戦略	上記の政策を特定の戦略ターゲットに適合するように組み合わす	上記の政策を特定の戦略ターゲットに適合するように組み合わす

（出所）『競争の戦略』63ページ

7．価値連鎖（バリュー・チェーン）

　3つの基本戦略によって，競争優位を勝ち取るための方策を示したポーターは，次に，競争優位はそもそもどこから生まれるかを問題にします。そして「価値連鎖（バリュー・チェーン：value chain)」という概念を提唱します。ポーターは「競争優位は，会社がその製品を設計し，製造し，マーケティングをやり，流通チャネルに送り出し，各種のサービスをやる，といった多くの別々の活動から生まれてくる」（『競争優位の戦略』45ページ）とし，バリュー・チェーンが競争優位の源泉

を分析するのに必要であると主張しました。

　ポーターによれば，価値とは「買い手が会社の提供するものに進んで払ってくれる金額」です（同書49ページ）。先の３つの基本戦略も，この考えに従って組み立てられています。顧客は品質と価格を比べた上で，進んで払うかどうかを決めているはずです。品質が多少悪くても安ければ顧客は買うでしょうし（コスト・リーダーシップ戦略），価格が高くても品質が良ければ，やはり顧客は買うでしょう（差別化戦略）。ポーターは「（企業がベストプラクティスを実現している時には）コストと差別化はトレードオフとなる」（『［新版］競争戦略論Ⅰ』117ページ）と述べ，戦略の本質は選択することであると主張しています[6]（同書118ページ）。

　さて，バリュー・チェーンとは会社が作り出す価値のすべてを表すものであり，「価値をつくる活動」と「マージン」とからなります。そして価値をつくる活動はさらに「主活動」と「支援活動」に分けられます（図表５－３）。主活動は，購買物流，製造，出荷物流，販売・マーケティング，サービスです。いわば会社の「本業」と呼べるもので，一方の支援活動は調達活動，技術開発，人事・労務管理，全般管理です。そしてそれぞれの活動から生み出される価値と，それぞれの活動にかかるコストの差が最終的にマージン（利益）になります。

　ポーターによれば，これらの活動はそれぞれが価値を生み出し，競争優位に貢献していますが，何もしなければバラバラの建築ブロックに過ぎません。価値連鎖は，これらを独立した活動ととらえるのではなく，相互に依存した活動のシステムとしてとらえます。それぞれの価値を生み出す活動がバリュー・チェーンの中で連結されている時に，競争優位を生み出すことができるのです。例えば，ファスト・フードチェーンで

6　後に，コストと品質はトレードオフではなく，両立しえるということを主張して，ブルー・オーシャン戦略（第6章参照）が登場した。

図表5－3　バリュー・チェーン

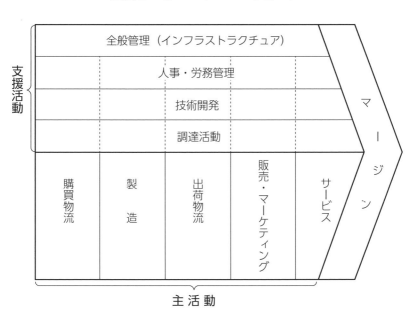

（出所）『競争優位の戦略』49ページ

は，タイミングの良い拡販キャンペーンが，調理のキャパシティを最大限に利用することにつながります。競争優位は個々の活動から生まれると同時に，「活動間の連結からも生まれることが多い」のです（『競争優位の戦略』61ページ）。

　ポーターはこのような連結関係には，「最適化」と「調整」があるとします。最適化とは，各活動の能力を最大限に発揮できるようにする組み合わせを見つけることであり，調整とはそのために各活動を調整することです。そして有効な調整を行うためには，社内における情報の流れが必要であるとしています。

　このようにポーターは，会社の競争優位を診断し，それを創造し持続させる方法を発見するための基本手段（同書75ページ）としてバ

リュー・チェーンの概念を提唱しました。会社の組織構造を設計する際にも，バリュー・チェーンの概念は貴重な役割を演じます（同書75ページ）。各部門を「生み出す価値」によって分け，さらにそれらを，相互依存する1つのシステムとしてとらえ直したところに，バリュー・チェーン概念の意義があると言えます。

8．ポーターの功績と課題

　ポーターの功績は，何と言っても競争戦略論という新しい分野を切り拓いたところにあります。ポーター以前の経営戦略論は，戦略をどのように立てるか，どの方向に多角化を進めるかといったことを主なテーマにしていました。そこでは戦略そのものよりも，戦略を立てる“手続き”のようなものをどう考えるかが重視されていました。それに対してポーターの競争戦略論は，実際の競争環境の中で企業はどのような戦略で戦えばよいのかという，“戦い方そのもの”を論じた点で画期的なものでした。

　さらに，ポーターは明快でシンプルなフレームワークを示すことで，分かりやすいコンセプトを提供してきました。MBAなどの大学院で学ぶビジネスパーソンは，ほぼ全員がポーターの競争戦略論について理解していますが，それは，ポーターが提示した明快でシンプルなフレームワークのたまものであると言えます。

　ポーターの功績は個々のコンセプトを体系化して新しい地平を拓いたところにあり，その手腕を「マジック」と呼ぶ研究者もいます（『CSV経営戦略』3ページ）。また，経済学の理論であるSCPパラダイムをきれいにフレームワークに落とし込んだところが見事で，これこそがポーターの大きな功績であるとも評価されています（『世界標準の経営理論』50ページ）。

　ポーターの競争戦略論は20世紀後半，大きな反響を呼びました。多くの企業がポーターのフレームワークを実践しようとしました（『CSV経営戦略』3ページ）。学界のみならず，実業界への影響力の大きさという点でも，おそらくポーターの右に出る者はいないと思われます。

　ポーターによる明快でシンプルなフレームワークは，競争戦略論以後も，国家や地域の競争優位の源泉として提唱した「クラスター」や，社会的価値と経済的価値を両立することを企業戦略に組み込むべきと主張した「共通価値の創造（CSV）」などと続き，経済学や政策立案の分野にも大きな影響を与えました（クラスターとCSVについては第11章，第12章を参照）。

　このようにあまりにも功績が大きいポーターですが，次第にポーターの提唱するフレームワークに対する批判も現れました。

　ポーターは分析の軸を「業界」に置き，業界の競争環境という外部状況に応じて競争上最適な位置を占めることが戦略の基本であるとしました。ポーターの競争戦略論はSCPパラダイムを基にしていますが，SCPパラダイムでは，外部環境が企業の行動を決定するという立場を取っています。しかしそうであるとすると，同じ業界，同じ業種に属する企業は同じ行動を取るということになります。

　しかし実際には，同じ状況に置かれている企業でも，その行動は多種多様です。このことから，ポーターの分析は外部環境に偏り過ぎているのではないかという批判が現れました。SWOT分析のところで述べたように，経営戦略は，自社の強みと弱みを見極め，状況のチャンスとリスク（あるいは敵の弱みと強み）を評価することから始まります。ポーターは等しく評価し分析しなければならない外部環境と内部の能力のうち，内部の能力の分析を軽視し，外部環境の分析に偏重したのではないかと言うのです。

　また，ポーターのフレームワークは1980年代当時には通用したが，

現代の極めて変化が激しく不確実な競争環境では通用しないのではないかという批判も現れました，ポーターのフレームワークは「業界」が軸になっていますが，その「業界」が揺らいでいるからです（例えば携帯電話会社は通信業界に属するのか，コンテンツサービス業界に属するのか，金融サービス業界に属するのか，今日でははっきりと線引きするのが難しくなっています）。

　このような批判から，やがて「資源ベース・アプローチ」と呼ばれる経営戦略論の一大潮流が登場することになります。それ以後の経営戦略論は，ポーターへの批判を通じて発展したと言っても過言ではありませんが，後の研究に与えた影響の大きさからも，ポーターの功績は偉大であると言うことができます。

コラム　スタック・イン・ザ・ミドル

　ポーターによれば，競争優位を勝ち取るための戦略は，低コスト化か差別化かのどちらかしかない。そして低コスト化と差別化はトレードオフの関係にあるので，企業はこのどちらかを選ばなければならない。逆に言うと，どちらかは捨てなければならない。

　この考え方は，一般には納得のできるものではないだろうか。差別化して顧客に提供する価値を高めようとすれば，コストは上がってしまう。コストを抑えようとすれば，顧客に提供する価値のうち，何かを犠牲にしなければならないだろう。品質の良いものは価格も高くなる（価格の安さは犠牲になる）。価格が安いなら品質もそこそこである（品質が犠牲になる）。これはある意味，常識と言ってよい。

　ポーターによれば，戦略とはトレードオフを行うことであり，戦略の本質は何をしないかを選択することである（『［新版］競争戦略論Ⅰ』118ページ）。またルメルトも，戦略を立てる時には，「何をするか」と同じくらい「何をしないか」が重要であると述べている（『良い戦略，悪い戦略』34ページ）。

　したがってポーターは，3つの基本戦略のうちの1つを選んだら，それを一貫して追求しなければならないと主張する。これができずにどっちつかずになる企業は，戦略の上では危うい立場になると警告している。この状態のことを「スタック・イン・ザ・ミドル（stuck in the middle）」と呼ぶ。どちらかを捨て，どちらかを選ばなければならないのに，決断することができず，真ん中で立ち往生してしまう状態である。

　トレードオフに直面した時，どちらかを捨て，どちらかを選択するのはリーダーの決断にかかっている。選択の決断ができないリーダーは状況を悪化させるだけであると言える。

　2020年の新型コロナウイルスの感染拡大では，そのことをあらためて

認識させられた。感染を防ぐには人と人との接触を減らさなければならず，外出の自粛，商業施設等の営業の自粛が要請された。しかし自粛をすれば経済が立ち行かなくなる。これは究極のトレードオフであり，政府は極めて難しい決断を迫られたと言える。感染を防ぐために自粛をすれば経済が死ぬ。かと言って経済を守るために自粛をしなければ，感染が拡大してしまうのである。

　この究極のトレードオフに直面した時，日本政府は迅速な意思決定ができたとは言い難い。緊急事態宣言の発令を決断するのも，自粛対象施設の選定にも，多くの時間を要した。戦略が選択であるならば，トレードオフの状態でどちらかを捨てることが求められたはずだが，政府はそれもできなかった。居酒屋には中途半端に時短営業を認めるなど，どっちつかずの対応であったことは否めない。

　報道によれば，経済への影響の大きさを懸念して，決断が下せなかったそうである。この時の政府は，まさに「スタック・イン・ザ・ミドル」の状態であったと言えるだろう。

第5章　参考文献

泉田成美，柳川隆（2008）『プラクティカル産業組織論』有斐閣。

入山章栄（2019）『世界標準の経営理論』ダイヤモンド社。

大月博司編著（2019）『経営戦略の課題と解明』文眞堂。

菊澤研宗編著（2018）『ダイナミック・ケイパビリティの戦略経営論』中央経済社。

ロバート・M・グラント著／加瀬公夫監訳（2008）『グラント現代戦略分析 ［第2版]』中央経済社。

グロービス経営大学院編著（2017）『［新版］グロービスMBA経営戦略』ダイヤモンド社。

坂本英樹（2010）『経営学とベンチャービジネス』白桃書房。

名和高司（2015）『CSV経営戦略』東洋経済新報社。

ジェイ・B・バーニー著／岡田正大訳（2003）『企業戦略論』ダイヤモンド社。

M・E・ポーター著／土岐坤，中辻萬治，服部照夫訳（1982）『競争の戦略』ダイ

ヤモンド社。

M・E・ポーター著／土岐坤，中辻萬治，小野寺武夫訳（1985）『競争優位の戦略』
　ダイヤモンド社。

マイケル・E・ポーター著／竹内弘高監訳，DIAMONDハーバード・ビジネス・レ
　ビュー編集部訳（2018）『［新版］競争戦略論 I 』ダイヤモンド社。

ヘンリー・ミンツバーグ，ブルース・アルストランド，ジョセフ・ランペル著／齋
　藤嘉則監訳（2013）『戦略サファリ（第 2 版)』東洋経済新報社。

リチャード・P・ルメルト著／村井章子訳（2012）『良い戦略，悪い戦略』日本経
　済新聞出版社。

第6章

ブルー・オーシャン
戦略

　本章の内容はブルー・オーシャン戦略です。ビジネスパーソンの間では非常に人気のある戦略です。「ブルー・オーシャン」という言葉は，2005年当時，一種の流行語のようになりました。実務の世界では言葉だけがひとり歩きしている印象がありますが，本章において，その中身をしっかり理解していただきたいと思います。

1．ブルー・オーシャン戦略の登場

　ポーターは低コスト化と差別化はトレードオフの関係にある，という前提の下に競争戦略論を展開しました。そこでは既存の「業界」を分析の軸とし，企業が競争を仕掛けたり仕掛けられたりしている業界構造のあり方が，競争の要因を決定づけるという観点が取られています。このポーターの見解に異を唱え，経営戦略論に新しい風を送り込んだのが，キム＆モボルニュによる「ブルー・オーシャン戦略」です。2005年に出版された『ブルー・オーシャン戦略』は，43カ国で累計360万部を売り上げる大ベストセラーとなりました。ブルー・オーシャン戦略は，その響きのいいネーミングと相まって，またたく間にビジネスパーソンの間で人気のフレームワークとなりました。「20世紀の戦略論にパラダイム・シフトを起こした」とまで言われています（『DIAMOND・ハーバード・ビジネス・レビュー』2015年10月号）。

　キム＆モボルニュは，既存の業界で繰り広げられる競争を「レッド・オーシャン」（red ocean：血みどろの海）と呼びました。そこでは絶えず激しい競争が起きているため，企業はライバルとの戦いに絶えず勝ち続けることが求められます。ポーターに代表される競争戦略論は，まさにレッド・オーシャンでの戦い方です。それに対し，「ブルー・オーシャン」は競争のない青い海（blue ocean）という意味で，今はまだ生まれていない未知の市場空間を意味します。企業はレッド・オーシャンでの競争に明け暮れるのではなく，新たな利益機会と売上機会をつかみ取るために，未開拓の市場であるブルー・オーシャンを切り拓いていくべきだというのが，『ブルー・オーシャン戦略』の主張です。

　ブルー・オーシャン戦略は，価値とコストはトレードオフの関係にはなく，両立しえるという立場を取っており，この点がポーターの主張と

は異なる点です。図表6－1において，実線はポーターが「生産性の限界線」と呼んだ価値とコストとの関係線です。これは，ある企業が一定のコストの下で，利用しうる経営資源を最大限に使った場合に生み出せる最大価値を表します（『[新版] 競争戦略論Ⅰ』94-95ページ）。企業がベストプラクティス（最大限の力を利用できる状態）にある時，価値とコストの関係はこの実線のようになり，ポーターによれば，競争優位を勝ち取るためには価値で突出する（差別化戦略[1]）か，低コストで突出する（コスト・リーダーシップ戦略[2]）かのどちらかでなければなりません。ところがブルー・オーシャン戦略は，この前提を否定します。価値とコストはトレードオフではなく，両立しえるという前提で，それ

図表6－1　ブルー・オーシャン・シフト

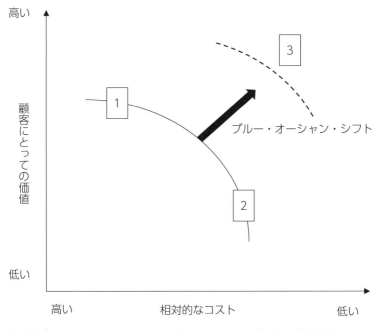

（出所）『ブルー・オーシャン・シフト』13ページを一部修正して筆者作成

が成り立つ新しい市場（ブルー・オーシャン）を創り出し，競争を無意味にすることを主張したのです。そしてレッド・オーシャンから抜け出し，ブルー・オーシャンを開拓することを「ブルー・オーシャン・シフト」（図表6－1の③）と呼びました。

　キム＆モボルニュは，ポーターの競争戦略論は業界構造が戦略を形作るというSCPパラダイムを前提にしており，組織の戦略は環境に制限され，業界の現状に縛られるという2点において決定論的であるとしました（『ブルー・オーシャン・シフト』65ページ）。ブルー・オーシャン戦略はそれとは異なり，業界の状況は自ら作り出すものであり，「既存顧客を奪い合う代わりに，非顧客層に着目して新たな需要の開拓を目指す」ものであると主張します（同書72ページ）。ブルー・オーシャン戦略は，競争のない新しい市場を創り出し，競争そのものを無意味にすることを目指す戦略です。このことから，ポーターの競争戦略論に対し，ブルー・オーシャン戦略は「市場創造戦略」と呼べると言えます。

2．バリュー・イノベーション

　『ブルー・オーシャン戦略』は2005年に出版され，世界で大ベストセラーになったことは先に述べましたが，基本となる考えは，すでに1997年に発表されています[1]。それが「バリュー・イノベーション」という概念です。このバリュー・イノベーションの概念が発表されたことによって，後のブルー・オーシャン戦略の土台が築かれたとされています。

　バリュー・イノベーションは価値とコストとのトレードオフを否定し，コストを下げながら買い手へ提供する価値を高めることを目指す考え方です。バリュー・イノベーションにおいては，価値とイノベーションが

1　『ブルー・オーシャン戦略論文集』第1章参照。

等しく重視されます。イノベーションを伴わずに価値だけを高めようとしても中途半端になり，それだけでは市場で抜きん出ることはできません。逆に価値を重視せずにイノベーションだけを実現すると，技術主導で市場のパイオニアになれたり，時代を先取りしたりできるかもしれませんが，それが行き過ぎて，買い手には受け入れられないことが多いのです（『［新版］ブルー・オーシャン戦略』57ページ）。

　バリュー・イノベーションは低コスト化と差別化を同時に実現する考え方です。したがってコストを下げながら，同時に買い手にとっての価値を高めていく必要があります（図表6－2）。

　キム＆モボルニュは，バリュー・イノベーションにおけるイノベーションの考え方は，いわゆる技術的なイノベーション[2]とは一線を画すものであるということも主張しています。ブルー・オーシャン戦略は市場創造戦略と言い換えることができますが，市場創造戦略であるならば，いかに市場を創造するかが重視されなければなりません。市場創造を実り多いものにするためには，技術的イノベーションによって新製品を生み出すこと自体よりも，いかにそれを普及させ，商業的に成功させるかが重要であり，顧客にとっての価値を飛躍的に増大させることが求められるのです。また，優れた市場創造戦略は，技術的イノベーションには全く頼らない場合が多いということも主張しています。例えばスターバックスは，最先端技術をほとんど使わずに従来のコーヒーショップの概念を覆し，それまでになかった全く新しい市場を創造しました（『ブルー・オーシャン・シフト』48-49ページ）。スターバックスは，それまでなかった「サード・プレイス（third place：第3の居場所）」というコンセプトで，コーヒーの新しい顧客層を開拓したのです[3]。

2　イノベーションとは技術的な革新のみを意味するという主張と，技術的かどうかを問わず，広く革新すべてを意味するという主張とが，研究者の間で論争となっている。
3　スターバックスの創業と哲学については『スターバックス成功物語』を参照。

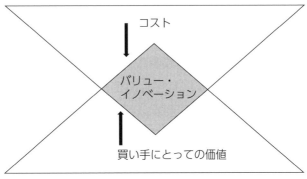

図表6−2　バリュー・イノベーション

コスト

バリュー・
イノベーション

買い手にとっての価値

差別化と低コストを同時に実現

（出所）『［新版］ブルー・オーシャン戦略』62ページ

　それとは逆に，技術的には画期的な発明だけれども，商業的には失敗
した例は山ほどあります。キム＆モボルニュに言わせれば，それらは顧
客への価値の提供を軽視したのです。

　バリュー・イノベーションを実現するためには，買い手と自社，両方
にとっての価値を高める方向に企業活動全体を導いていく必要があると
されています。技術的なイノベーションは研究開発部門だけでも実現で
きますが，それを市場に普及させるためには，企業活動全体を総合した
活動が必要になるのです（『［新版］ブルー・オーシャン戦略』63ペー
ジ）。

3．戦略キャンバス

　キム＆モボルニュは，ブルー・オーシャンを創造するための分析フ
レームワークとして「戦略キャンバス」を編み出しました。ブルー・
オーシャン戦略の功績は，このように分かりやすく可視化されたフレー

ムワークを開発し，１つのパッケージにまとめたところにあるとも言われています（「再構築主義で新たな価値を生み出す　経営学から見るブルー・オーシャン戦略」）。戦略キャンバスによって，既存の市場空間の現状把握ができ，競合他社が何に投資しているか，各社が何を売りにしているか，顧客はどのようなメリットを享受しているかなどが理解できるようになります（『[新版] ブルー・オーシャン戦略』73-74ページ）。

　図表６−３は，アメリカの国内単距離航空市場で圧倒的な競争優位を誇るサウスウエスト航空の戦略キャンバスです。戦略キャンバスの横軸には，業界の各社が力を入れる競争要因を並べます[4]。縦軸は，横軸の各要因について，買い手がどの程度のレベルを享受しているかを示します。要因ごとに点数をつけ，線で結ぶと，戦略の特徴を示す「価値曲線」が描けます。

　サウスウエスト航空の価値曲線を見ると，一般の他の航空会社の価値曲線に比べ，際立った違いを認めることができます。キム＆モボルニュによれば，優れたブルー・オーシャン戦略には①メリハリ，②高い独自性，③訴求力のあるキャッチフレーズの３つの特徴があります（同書88ページ）。サウスウエスト航空は，数ある競争要因の中から，心のこもったサービス，スピード，直行便の本数という３点に絞って勝負し，他の要素は切り捨てていることが分かります。メリハリの利いた，独自性の高い戦略を追求していることが，戦略キャンバスから明らかになるのです。

　このようなメリハリの利いた価値曲線を描くためには，従来の競争の

4　横軸には「買い手にとっての価値」ではなく，あくまでも「主な競争要因」が並ぶことに注意を要する。企業が買い手に価値を与えていると思っている要素と，買い手が実際に価値を見出す要素とは全く違うものだからである。業界各社が力を入れている競争要因を明らかにすれば，コストがかかるにもかかわらず，買い手にはほとんど価値を与えていない要素を浮かび上がらせることができるのである（『ブルー・オーシャン・シフト』139-141ページ）。

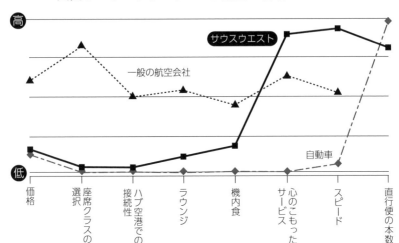

図表6－3　サウスウエスト航空の戦略キャンバス

凡例：サウスウエスト／一般の航空会社／自動車

価格／座席クラスの選択／ハブ空港での接続性／ラウンジ／機内食／心のこもったサービス／スピード／直行便の本数

（出所）『[新版] ブルー・オーシャン戦略』89ページ

　常識にとらわれず，他社との横並びを避け，これまでの市場の境界を引き直して競争を避ける行動が必要になります。ブルー・オーシャン戦略は，ポーターが提示した「業界単位」の競争戦略を否定する戦略であることを思い出してください。

　市場の境界を引き直し，ブルー・オーシャンを創造する方法として，キム＆モボルニュは以下の６つのパス（方法）を提唱しています。

(1)　**代替産業に学ぶ**：企業は同業他社との競争のほかに，代替産業とも競争している。顧客は代替産業との比較・選択において，何を判断ポイントにしているか。

(2)　**業界内のほかの戦略グループ[5]から学ぶ**：業界にはどのような戦略グループがあるか。顧客が戦略グループ間を移動する場合，そ

---

5 特定の業界内で同様の戦略を取っている企業群のこと。

の理由は何か。

⑶　**別の買い手グループに目を向ける**：業界内にどのような買い手グループがあるか。各社と違う買い手グループをターゲットにできないか。

⑷　**補完財や補完サービスを見渡す**：補完財や補完サービスがネックになっている部分はないか。そのネックを解消する方法はないか。

⑸　**機能志向と感性志向を切り替える**：自社の製品は機能と感性，どちらに訴えているか。反対の要素をアピールできないか。

⑹　**将来を見通す**：トレンドの将来を見通し，顧客価値に与える影響を予測できるか。

4．ブルー・オーシャンを創造する４つのアクション

　前節で見たサウスウエスト航空の価値曲線は，業界他社の価値曲線とは大きく異なっています。このように，競争のない新たな市場空間を創り出すためには，買い手に提供する価値を見直し，これまでとは違った価値曲線を描かなければなりません。キム＆モボルニュはブルー・オーシャンを創造するためには４つのアクションを取る必要があると主張します。それは以下の４つです。

図表6-4　ブルー・オーシャン創造のための4つのアクション

① 取り除く 業界常識として製品やサービスに備わっている要素のうち，取り除くべき要素は何か	② 減らす 業界標準と比べて思い切り減らすべき要素は何か
③ 増やす 業界標準と比べて大胆に増やすべき要素は何か	④ 創造する 業界でこれまで提供されていない，今後創造すべき要素は何か

(出所)『[新版] ブルー・オーシャン戦略』78ページを参考に筆者作成

　この4つのアクションを取ることによって，他社と違いが際立った，メリハリのある価値曲線を描くことができます。

① 取り除く

　業界常識として製品やサービスに備わっている要素のうち，取り除くべきものは何かを探ります。つまり今まで「あって当たり前のもの」とみなされてきたものの中で，本当は不必要なのではないか，というものを探すということです。これらのものの中には，買い手の評価するポイントではないにもかかわらず，「他社が提供しているから」という理由だけで提供を続けているものがあります。買い手の要求は常に変化しているのです。

② 減らす

　業界標準と比べて思い切り減らすべきものはないかを探ります。これも同業他社と自社を比べるあまり，製品やサービスにあれもこれも余計な要素を盛り込んでいないかを振り返ることを迫ります。顧客に奉仕し過ぎると，効果よりもコストばかりが増え，利益を損なってしまうからです。

③ 増やす

業界標準と比べて大胆に増やすべき要素がないかを探ります。業界がこれまで顧客に強いてきた不都合をあぶり出し，それを解消することを目指します。

④ 創造する

業界ではこれまで提供されていないが，今後創造すべき要素がないかを探ります。買い手に斬新な価値をもたらして新たな需要を生み出し，業界の価格水準を改めることを目指します。

このうち①と②は，競合他社よりもコスト面で優位に立つためのアクションであると言えます。これらはコストがかかっており，また競争要因とはなっているけれども，顧客に与える価値がそれほど大きくない要素です。これらを取り除いたり減らしたりすることによって，顧客へ提供する価値を損なわずにコストを大幅に引き下げることができます。反対に③と④は，買い手にとっての価値を飛躍的に高め，新たな需要を生み出すためのアクションです。場合によっては，それほどコストがかからないものもあるはずです。

キム＆モボルニュは，特に①「取り除く」と④「創造する」が極めて重要だと言います。これらを考えることによって，既存の競争要因の枠を抜け出し，従来の競争ルールを無意味にしながら，買い手へ提供する価値を最大化できると主張しています。

コラム　　ブルー・オーシャン戦略と差別化戦略は違う

　ブルー・オーシャン戦略はその言葉の響きの美しさから，登場するやいなやビジネス界でまたたく間に市民権を得た。今日，多くのビジネスパーソンが「ブルー・オーシャン」という用語を日常的に使っている。激しい競争に明け暮れる日々に疲れた彼らは，「競争のない市場において支配的な地位を築く」という明快かつ理想主義的なコンセプトに惹かれていったのである。

　ところが，経営戦略をよく勉強していると思われるビジネスパーソンと話をしていると，ブルー・オーシャン戦略と差別化戦略を混同している，あるいは両者の区別がついていないと思われる方々に時々出会う。彼らは「製品を差別化して，ブルー・オーシャンを築く」といった言葉を使うのである。

　確かに，「競争を避ける」ことは戦略の基本であることに間違いはない。激しい競争を繰り広げている状態では，たとえ競争に勝ったとしても，当方にも多くの犠牲が伴う。際限のない低価格競争で疲弊したり，膨大なエネルギーを消費したりする。だからできれば競争はしたくない。その意味では，彼らの問題意識は間違っていない。しかし，ブルー・オーシャン戦略と差別化戦略は，そもそもの思想が根本的に違うのである。

　差別化戦略はポーターが主張したように，コストと価値のトレードオフの中で，どちらかを選択する中から生まれる戦略である。差別化戦略とは，同じ業界あるいは市場の中で，自社の製品を他社と差別化することによって競争を避けることを目指す。ポーターの競争戦略論はポジショニング戦略と呼ばれるように，市場内に他社とは異なる活動を伴った，独自性のある価値あるポジションを創り出すことにその本質がある。

　それに対して，ブルー・オーシャン戦略は市場創造戦略であり，市場の境界を引き直すことにより，競争のない市場を自ら創り出すことを目指す。

同じ競争を避ける戦略であっても，差別化戦略とブルー・オーシャン戦略は，その考え方が全く違うのである。

　ブルー・オーシャン戦略と差別化戦略が根本的に異なることは，キム＆モボルニュも強調している。『［新版］ブルー・オーシャン戦略』では，旧版にはなかった章がいくつか追加されているが，そのうちの１章を費やして，ブルー・オーシャン戦略が従来の経営戦略論とどう違うのかが論じられている。古い思考形態に基づいてブルー・オーシャン戦略を解釈する結果，ブルー・オーシャンの創造が妨げられることがあるとし，そのような解釈を「レッド・オーシャンの罠」と呼んでいる。差別化との混同もこのレッド・オーシャンの罠の１つである。

　ブルー・オーシャン戦略は，競争のない市場創造のための４つのアクションを提示したが，キム＆モボルニュによれば，従来の差別化戦略を追求する企業は，「増やす」「創造する」には熱心だが，「減らす」「取り除く」ことによるコスト低減を軽視する。その結果，不用意に既存市場に高付加価値・高価格かつ高コストの製品を投入してしまい，バリュー・イノベーションを実現することができないままに終わる。

　ブルー・オーシャン戦略は低コスト化と差別化の二兎を追う戦略であり，低コスト化と差別化のトレードオフを否定するところからスタートする。流行する戦略フレームワークは，言葉だけがひとり歩きする傾向があるが，我々は本質をしっかりと学び，正確な理解を心がけなければならない。

第6章　参考文献

W・チャン・キム，レネ・モボルニュ著／入山章栄監訳，有賀裕子訳（2015）『[新版] ブルー・オーシャン戦略』ダイヤモンド社。

W・チャン・キム，レネ・モボルニュ著／DIAMONDハーバード・ビジネス・レビュー編集部訳（2018）『ブルー・オーシャン戦略論文集』ダイヤモンド社。

W・チャン・キム，レネ・モボルニュ著／有賀裕子訳（2018）『ブルー・オーシャン・シフト』ダイヤモンド社。

清水勝彦（2015）「再構築主義で新たな価値を生み出す　経営学から見るブルー・オーシャン戦略」『DIAMONDハーバード・ビジネス・レビュー』2015年10月号所収　ダイヤモンド社。

ハワード・シュルツ，ドリー・ジョーンズ・ヤング著／小幡照雄，大川修二訳（1998）『スターバックス成功物語』日経BP社。

マイケル・E・ポーター著／竹内弘高監訳，DIAMONDハーバード・ビジネス・レビュー編集部訳（2018）『[新版] 競争戦略論 I』ダイヤモンド社。

『DIAMONDハーバード・ビジネス・レビュー』2015年10月号，ダイヤモンド社。

第7章

資源ベース・アプローチ

　ポーターへの批判を通じて登場した資源ベース・アプローチは，現代の経営戦略論の発展に大きな影響を与えました。現在，盛んに行われているダイナミック・ケイパビリティや両利きの経営の研究（第8章参照）も，資源ベース・アプローチを土台にしています。ポーターの明快さに比べると，ややとらえどころのない部分もありますが，企業経営について重要な視点を提供してくれている考え方です。

1. ポーターの主張は正しいか

第5章で述べたように，ポーターの競争戦略論は登場するやいなや一大旋風を巻き起こし，20世紀後半の経営戦略論に大きな影響を与えました。

一方で，ポーターの提示したフレームワークに対しては数々の批判も現れました。中でも大きな論点は，ポーターは等しく評価し分析しなければならない外部環境と内部の能力のうち，内部の能力の分析を軽視し，外部環境の分析に偏重しているというものでした。ルメルトが，経営戦略とは「自社の強みと弱みをみきわめ，状況のチャンスとリスク（あるいは敵の弱みと強み）を評価し，自社の強みを最大限に活かす」ことであると述べたように（第4章44ページ），外部環境の分析と内部の能力の分析は等しい価値を持つものであり，どちらも同じように力を入れるべきものです。ポーターのフレームワークでは内部の能力の分析が足りないというのが，ポジショニング論に対して出された批判です。

このような批判の背景には，ポーターが分析の軸を「業界」に置き，外部環境は所与のもの（あらかじめ条件が決まっており，一定の状態にあること）であると前提したことにあると考えられます。

ポーターの提唱した「価値とコストとのトレードオフ」を否定した，ブルー・オーシャン戦略のキム＆モボルニュも，ポーター型の競争戦略であるレッド・オーシャン戦略は「業界の構造は一定で企業はその枠組みの中で競争せざるをえない，との前提に立っている」と述べ，ポーターの主張を「環境決定論」であるとしています（『[新版] ブルー・オーシャン戦略』63ページ）。

ポーターはファイブ・フォース分析によって，業界の収益性は5つの要因の強弱によって決まると主張しましたが，これは逆の言い方をする

と，収益性は外部環境によって決まるということを意味します。企業は外部環境に応じて，競争が有利になるようなポジションを業界内に探すわけですが，外部環境が同じなら，同じようなポジションに立つ企業が複数現れることもあります。にもかかわらず，同じ業界内，同じポジションにいる企業間で収益に差が出る事実が多数あります。なぜ，外部環境に応じて同じポジションを取った企業のうち，収益を上げられる企業と上げられない企業があるのか。ポーターのポジショニング論では，この事実を説明できないと言うのです（例えば，同じポジションにあると思われる大手コンビニ3社の間で収益性に差が出るのはなぜかということです）。

　また，外部環境に応じて企業はそれぞれの戦略を選択することになりますが，差別化戦略を選択した場合，確かに複数の差別化の方法があり，同じ業界内でも他社と違ったポジションを得られるかもしれません。しかしポーターは，競争に勝つための差別化を企業がどのように行いうるか，といったことには答えていません。つまり，差別化に成功する企業と失敗する企業では何が違うのかということは，ポジショニング論では明らかにできていないのです。

　そこでもう一度，競争優位の源泉は企業内部の能力にあり，競争優位を分析する際には企業内部の能力に注目すべきであるとする主張が登場しました。それが資源ベース・アプローチ（またはresource based view：リソース・ベースド・ビュー）と呼ばれる主張です。

　企業内部の能力が重要であるということは，直感的にも理解できると思います。どんなに外部環境が悪くても，企業の努力によってそれを克服しなければ，企業の存立は保証されません。ビジネスの現場では，よく上司から「業績の悪いのを環境のせいにするな」と言われます。ビジネスセミナーなどに参加しても，講師は盛んに「外部環境がどうあろうとも，良い業績を上げられるかどうかは経営者の能力次第」と主張しま

す。

　資源ベース・アプローチの視点を採用すると，なぜ同じ業界環境にいる企業で，収益の上がる企業と上がらない企業があるのかという疑問にも答えられそうです。収益の違いは，それぞれの企業の能力が違うからなのです。

　ポーターへの批判からスタートした資源ベース・アプローチは，やがて経営戦略論の一大潮流を形成することになります。

2．資源ベース・アプローチとは

　資源ベース・アプローチとは，企業内部の経営資源に着目し，「企業内部に競合他社からの模倣が困難な独自の強みとしての資源を形成・強化することが，競争優位の源泉となる」ことを主張するアプローチです（『経営戦略の課題と解明』84ページ）。

　代表的な研究者であるバーニーによれば，資源ベース・アプローチは企業の資源の強み・弱みを分析するアプローチですが，そのためには2つの前提に基づく必要があるとしています（『企業戦略論』上242-243ページ）。

　1つ目は「経営資源の異質性」の前提です。これは「企業は生産資源の集合体（束）であり，個別企業ごとにそれらの生産資源は異なっている」というものです。企業ごとに経営資源が異なっているからこそ，同じ業界に属し，同じような外部環境に接している企業でも，それぞれの行動が異なり，差別化に成功できる企業とできない企業とに分かれることになるのです。伝統的なミクロ経済学やポーターをはじめとするポジショニング論では，企業は同質の存在として仮定されていました。したがって，なぜ同じポジションにいる企業同士で収益性が異なるのかを説明できませんでした。資源ベース・アプローチはこの点を批判して登場

してきたと言えます。

　2つ目は「経営資源の固着性」の前提です。これは「経営資源のなかにはその複製コストが非常に大きかったり，その供給が非弾力的なものがある」というものです。複製コストが大きい資源とは，例えば「長年の研究の結果，ようやく獲得した技術」が挙げられます。他社がこれを複製（模倣）しようとすれば，同じように長年の研究に匹敵するコストをかけなければ獲得することはできないわけです。また「非弾力的」とは，簡単に言うと「容易に対応することができない」という意味です。例えば，熟練技を持った職人は貴重な経営資源であると言えますが，需要が急増したからといって，明日から急に倍の人数に増やすことはできません。熟練の職人を育てるには長い時間がかかるからです。このような時，熟練の職人の供給は「非弾力的」であると言います。

　バーニーは以上の前提をまとめて，以下の条件をすべて満たす場合に競争優位の潜在的源泉となりうると述べています。

①　ある経営資源を保有していることによって経営の外部環境に存在する機会を活用し，脅威を無力化できること
②　その経営資源を保有する企業の数がごく少数であること
③　その経営資源の複製コストが非常に高いか供給が非弾力的であること

　資源ベース・アプローチは，競争優位の源泉を企業の個別資源の分析から明らかにしようとする立場として登場しました。やがて研究が進むうちに，「どのような資源が必要か」という視点から，「それらの資源を獲得するにはどうしたらいいか」あるいは「内部の資源を活用するにはどうしたらいいか」という，資源を獲得・活用するための「能力」に重点を置く研究が登場して来ました。本書でも後に取り上げる「コア・コ

ンピタンス」や「ダイナミック・ケイパビリティ」などが代表的な研究
です。これらは資源ベース・アプローチから発展した研究ですが，文献
によってはこれらを「能力ベース・アプローチ」として別に分類してい
る文献もあります（例えば『経営学イノベーション〈2〉 経営戦略論
（第2版）』）。反対に，分けて分類することはせず，すべてを「資源ベー
ス・アプローチ」として扱っている文献もあります（『企業戦略論』『経
営戦略の課題と解明』）。本書では後者に倣い，ポジショニング論に対抗
して企業内部の能力に注目する研究をまとめて資源ベース・アプローチ
と呼ぶことにします。

　資源ベース・アプローチの論点としてはVRIO分析とコア・コンピタ
ンスが重要であると思われます。本章ではこの2つのフレームワークを
紹介し，次章では，近年の経営戦略論で注目を浴びているダイナミッ
ク・ケイパビリティについて述べていくこととします。

3. 経営資源とは何か

　資源ベース・アプローチは，企業内部の経営資源が競争優位の源泉で
あるという立場を取り，経営資源に注目することを重視します。では，
そもそも経営資源とは何を指すのでしょうか。ここでは，VRIO分析や
コア・コンピタンスの説明に入る前に，まず経営資源とは何を指すもの
なのかということについて整理をしておきたいと思います。

　経営実務において，経営資源とは一般に「ヒト・モノ・カネ」という
言葉でまとめられます。近年ではこれに「情報」も加えられ，「ヒト・
モノ・カネ・情報」と言われることもあります。ビジネスの現場では
「ヒト・モノ・カネ・情報を活かして，いかに効率の良い経営をするか
を経営者は考えなければならない」というように使われます。

　「ヒト」は一般に「人材」（企業によっては「人財」[1]）という言葉が使

われますが，経営学の用語では「人的資本」と呼ばれます。能力や経験を持った人材は企業にとって間違いなく「経営資源」です。ビジネスの世界では「企業は人なり」という格言がありますが，多くの経営者が，有能な人材を育成することこそ経営の要であると考え，人材育成に力を注いでいます。

「モノ」は物的資源と呼ばれます。企業が保有する建物や機械，製品が代表例です。優れた機械設備や製品を持っている企業は競争上，有利な地位を得ることができます。また，企業内の情報ネットワークシステムやソフトウエアなど，カタチのない資産（無形固定資産）も分類上は物的資源に分類される場合が多いようです。物的資源は企業にとって，商売を成り立たせるための元になるものです。本業のための資源と言えます。

「カネ」は文字通り「お金」のことで，財務資源と呼ばれます。企業の預金などがこれに当たります。

「情報」は企業が持っている顧客情報，市況情報，製品情報などを指します。現代のビジネスでは情報力の優劣が企業の競争力の強さを左右すると言われます。卓越した企業は，情報収集力があり，かつ集めた情報を的確に分析する能力に長けていると言われます。

以上が経営実務で一般的に言われる「経営資源」ですが，資源ベース・アプローチの研究が進むにつれ，経営資源とは何を指すかについてさまざまな研究者が異なる見解を示す状況が生まれてきました。中でもよく使われる用語に「ケイパビリティ：capability」と「コンピタンス：competence」[2]があります。どちらも「能力」と訳されます。

1　ビジネスセミナーではおなじみの言葉である。「人材には3種類ある。人財（会社の宝），人在（ただ居るだけの人），人罪（能力のない，居るだけで罪な人）である。企業の中で人財にならなければならない」という講話がよく行われる。
2　大学では「学生が身につけるべき能力」のことを「コンピタンシー」と呼び，カリキュラムごとに公開しているので，「コンピタンス」という語を知っている学生も多いであろう。

バーニーによれば，ケイパビリティとは「企業が経営資源を組み合わせたり活用したりすることを可能にする企業属性」であるとされます（『企業戦略論』上245ページ）。一方，コンピタンスはハメル＆プラハラードの「コア・コンピタンス」（第6節で説明）で有名ですが，バーニーは「経営者が企業の多角化戦略を構築したり実行したりする場合に限定」されるとし，経営資源，ケイパビリティ，コンピタンスといった用語の違いは「現実のマネージャーや企業にとっては価値のないもの」と述べています（同書245ページ）。

　先にも述べた通り，これらの議論は資源ベース・アプローチの研究の発展につれて現れてきました。伝統的な経営資源の定義から一歩進み，企業内部の能力に焦点を当て，内部の能力こそが競争優位をもたらす経営資源であるととらえるところに，資源ベース・アプローチの特徴があると言えます。また，経営資源としての能力に焦点を当てていることから，資源ベース・アプローチ研究の一分野が「能力ベース・アプローチ」として分けて分類される場合があることも先に述べた通りです。

4．VRIOフレームワーク〈1〉

　企業内部の経営資源が，どの程度競争優位に貢献するのかを判断するのは，なかなか難しい問題です。例えば「従業員の熟練の技」や「長年培ってきたノウハウ」は，あいまい，かつ企業によって異質なので，数値データのように比較したり評価したりすることができないからです。

　資源ベース・アプローチの代表的な研究者であるバーニーは，この問題を克服するためのフレームワークの構築を目指しました。それが「VRIOフレームワーク」と呼ばれるフレームワークです。バーニーは，企業が従事する活動に関して，以下の4つの問いを発することにより，企業の経営資源がどのくらい強みとなるのかを判断できるとしています

（『企業戦略論』上250-271ページ）。お気づきのように，この 4 つの問いの頭文字を取って，VRIOと呼ばれます。

① 　経済価値（value）に関する問い

② 　希少性（rarity）に関する問い

③ 　模倣困難性（inimitability）に関する問い

④ 　組織（organization）に関する問い

① 　経済価値に関する問い

　「企業の保有する経営資源が，その企業が外部環境における脅威や機会に適応することを可能にするか」を問います。つまり，その経営資源がどのくらいの経済価値を生み出すか，という問いであると言えます。バーニーは，企業の経営資源が競争優位の源泉となるためには，企業がそれらを活用することによって外部環境における機会をうまくとらえることができるか，もしくは外部環境における脅威を無力化することができなければならないと主張しています。

② 　希少性に関する問い

　「経済価値を生む経営資源は，どのくらいの競合他社に保有されているか」を問います。たとえ経済価値を生む経営資源であっても，それがすべての競合他社に保有されているのであれば，企業の強みになるとは言えません。バーニーは，広く普及した経営資源（つまり希少ではない経営資源）は，強みになるどころか，競争均衡の源泉（激しい競争の元）になると主張しています。

③ 模倣困難性に関する問い

「ある経営資源を保有しない企業は，その資源を獲得するにあたって，それをすでに保有している企業に比べてコスト上不利であるか」を問います。経済価値があり，かつ希少性がある経営資源は競争優位の源泉となりえますが，それが簡単に真似されてしまえば，競争優位の源泉とはなりません。模倣するのに膨大なコストがかかるような経営資源は，他社の模倣を防ぎ，企業の競争優位の源泉となりえます。

④ 組織に関する問い

「その企業は，自社が保有する経営資源がその戦略的ポテンシャルをフルに発揮できるように組織されているか」を問います。経済価値があり，希少性があり，模倣困難な経営資源を持っていても，それを組織的に使いこなす能力がなければ，競争優位の源泉とすることはできません。そのような組織の能力を持つことが必要であるとバーニーは主張しています。

このように，経済価値があり，希少性があり，模倣困難な経営資源を保有し，かつそれを使いこなす能力が組織に備わっている場合に，その経営資源は競争優位の源泉になりうるのです。バーニーはこのことを図式化し，経営資源と企業の競争優位の関係，および経営資源と企業の強み・弱みの関係を示しました。次節でそれを説明します。

5．VRIOフレームワーク〈2〉

経営資源と企業の競争優位，および経営資源と企業の強み・弱みの関係を示すフレームワークは図表7－1，図表7－2のように示されます。

図表7－1　VRIOフレームワーク

その経営資源やケイパビリティは

価値が あるか	希少か	模倣コスト は大きいか	組織体制 は適切か	競争優位の 意味合い	経済的な パフォーマンス
No	－	－	No	競争劣位	標準を下回る
Yes	No	－	↑	競争均衡	標準
Yes	Yes	No	↕	一時的競争優位	標準を上回る
Yes	Yes	Yes	Yes	持続的競争優位	標準を上回る

（出所）『企業戦略論』上272ページ

図表7－2　VRIOフレームワークと企業の強み・弱みの関係

その経営資源やケイパビリティは

価値が あるか	希少か	模倣コスト は大きいか	組織体制 は適切か	強味か，弱みか
No	－	－	No	弱み
Yes	No	－	↑	強み
Yes	Yes	No	↕	強みであり，固有のコンピタンス
Yes	Yes	Yes	Yes	強みであり，持続可能な 固有のコンピタンス

（出所）『企業戦略論』上272ページ

　バーニーは，このフレームワークを使うことによって，1つの経営資源の活用によって得られるパフォーマンスを理解することができるとしました。

　もし，企業の持っている経営資源が経済価値を生み出さないなら，そもそも競争優位の源泉になれるはずがありません。そのような経営資源はむしろ弱みになります。企業にとっては必要のない経営資源と言えるかもしれません。企業はまず，そのような経営資源は捨てるか，あるいは経済価値を生み出すものに変えていく努力をしなければならないと言

えます。

　もし，企業の持っている経営資源が経済価値は生み出すものの希少で
はないなら，経済価値を生み出すという点においては強みととらえられ
ますが，競争優位の源泉にはなれません。そのような経営資源は競合他
社も等しく持っているので，激しい競争の元となってしまう恐れがあり
ます。企業はまず，他社にはない希少性のある経営資源を獲得する努力
をしなければなりません。この点はポーターの示した「差別化戦略」に
も通じる考えであると言えます。

　もし，企業の持っている経営資源が経済価値を生み出し，希少性は
あっても模倣コストが小さい（模倣されやすい）なら，模倣されるまで
の間は一時的に競争優位を獲得することができます。また，競合他社に
模倣されるような能力を保有していたわけですから，このような経営資
源は強みであり，企業の固有のコンピタンスということになります。

　もし，企業の持っている経営資源が経済価値を生み出し，希少性があ
り，模倣コストも大きい（模倣されにくい）なら，競合他社を寄せ付け
ることがない状態になるわけですから，そのような経営資源は持続的競
争優位の源泉となります。また，競合他社に模倣されず，その経営資源
を使いこなす組織的能力も有しているわけですから，そのような経営資
源は企業の強みとなるのはもちろん，持続可能な固有のコンピタンスと
なります。なお，模倣コストが大きいことは，ポーターのポジショニン
グ論では「参入障壁」として扱われています（第5章60ページ参照）。
例えば，最先端技術を備えた大工場は，模倣には莫大な投資コストがか
かり，かつノウハウ取得にも長い時間を必要とします。バーニーはこの
ことを「模倣困難性」と呼び，ポーターは「参入障壁」と呼んでいます。

　さて，ここであらためて図表7-1，図表7-2を見てみると，経済
価値を生み出し，希少性があり，模倣コストも大きい経営資源があって
も，それを使いこなす組織能力がなかったらどうなるか，という疑問が

浮かぶかもしれません。バーニーは「組織に関する問いは，VRIOフレームワークにおいては調整項目として機能する」と述べています（『企業戦略論』上274ページ）。つまり，そもそもこのような組織能力がないと，どんなにすばらしい経営資源を持っていても，企業はそれを活かすことはできません。優れた組織能力は，すべての競争優位の基本となるものであると言えます。

6．コア・コンピタンス

　ハメル＆プラハラードによる「コア・コンピタンス」は，ビジネスパーソンの間ではとても有名で人気のある用語です。1995年に翻訳が出版された『コア・コンピタンス経営』は，またたく間にベストセラーとなりました。

　コア・コンピタンスは「中核能力」と訳されます。ハメル＆プラハラードによれば，コア・コンピタンスとは「顧客に対して，他社には真似のできない自社ならではの価値を提供する，企業の中核的な力」のことを指します（同書12ページ）。

　『コア・コンピタンス経営』が出版されたのは，我が国でバブルが崩壊し，多くの企業が業績悪化に苦しんでいた時期です。「リストラ」という言葉が流行語となり，企業は経費削減に必死になっていました。そのような時代にハメル＆プラハラードは，過去の延長線上で経営する「管理に主眼を置いた」経営者のあり方を否定し，リストラなどの施策は「昔の過ちを正そうとするだけで，決して未来の市場をつくり出すわけではない」と断じました（同書22ページ）。そうではなく，「自分の未来を根本的に見直す能力，基本戦略を練り直す能力，そして産業を創出し直す能力こそ会社に必要なのだ」と主張したのです（同書29ページ）。一言で言えば「業績悪化を外部環境のせいにするな」「後ろ向きの

競争ではなく，未来のための競争をせよ」ということです。

　ハメル＆プラハラードのこの主張は，バブル崩壊で自信を失っていた多くのビジネスパーソンに受け入れられました。では，企業は具体的にどのようにコア・コンピタンスに着目し，経営を行っていったのでしょうか。

　有名な事例に富士フイルムの事例があります。富士フイルムは写真用フィルムのメーカーですが，21世紀に入り，デジタルカメラが急速に普及するにつれ写真用フィルムの市場は一気に消滅しました。これだけ急激に主力製品の市場が消滅したのなら，普通に考えれば「写真用フィルムの市場がなくなったのだから，当社の業績は悪化しても仕方がない」「外部環境が悪すぎるのだから，どうしようもない」と考え，ひたすらリストラ等でしのごうとしてしまいがちです。しかし，富士フイルムは現在，デジタルカメラ，医療用カメラ，化粧品，医薬品事業などを展開し，以前よりも業績を伸ばしています（新型コロナウイルスに効く可能性があるとされた「アビガン」も富士フイルムのグループ企業の製品です）。なぜ，富士フイルムは主力の写真用フィルム市場が消滅したにもかかわらず，業績を伸ばすことができたのでしょうか。そこにコア・コンピタンスとは何かを考えるヒントがあります。

　富士フイルムは，写真用フィルム市場の消滅という危機に際し，あらためて社内の能力を見つめ直しました。そして，写真用フィルム事業で培った独自技術にコア・コンピタンスを見出しました。具体的には，薄いフィルムを成形する技術は液晶ディスプレー用フィルムや印刷用製版装置に，フィルム製造に欠かせない極小微粒子製造技術（ナノ・テクノロジー）は化粧品やプリンタートナーなどに活かされています。

　つまり，富士フイルムは「薄い膜を作る技術」「極小微粒子を作る技術」を自社のコア・コンピタンスととらえ，事業を再構築したのです。

　このように，多くのビジネスパーソンから支持されたコア・コンピタ

ンス論ですが，一方で疑問も残ります。これも有名な事例ですが，同じ写真用フィルムメーカーであり，富士フイルムと同じコア・コンピタンスを持っていたはずのコダック（イーストマン・コダック社）は，2012年に連邦破産法第11条の適用を申請し，倒産してしまいました。同じコア・コンピタンスを持っているはずの企業で，なぜそれを活かせる企業と活かせない企業があるのかという問題は，コア・コンピタンスとは別の要素に着目しないと解明できないように思われます。つまり，コア・コンピタンスさえあれば，企業は競争優位を獲得できるというわけではなく，それを活かすための能力が別に必要ということになります。この議論はケイパビリティ論として展開されることになります。ケイパビリティについては次章で説明します。

コラム　資源ベース・アプローチ VS ポジショニング論

　資源ベース・アプローチは，外部環境に分析の軸を偏重させたポジショニング論への批判の中から登場した。これらの批判に答えるために，ポーターは論文「戦略とは何か」（『［新版］競争戦略論Ⅰ』91-144ページ）を1996年に発表し，激しい反論を行った。ポーターは，例えば「競争でライバルに勝つためにはコア・コンピタンスを確立する必要がある」といった近年の考え方は「事実の半分しかとらえていない危険な思い込みであり，多くの企業を共倒れの競争に向かわせている原因でもある」（同書91ページ）と述べ，戦略はあくまでもトレードオフの中から独自のポジションを選択することであると主張した。

　私たちは，このように相反する主張を前にした時，つい「どちらが正しい考え方なのか」と考えてしまう。資源ベース・アプローチによって誤りを指摘されているポーターのポジショニング論はもう古い，あるいは意味がない，といった考えを持ってしまいがちである。しかし学習においては，どちらかが100％正しく，どちらかが100％間違っているという考えを持つのは危険なことである。

　入山章栄は，資源ベース・アプローチとポジショニング論のどちらが正しいのか，という論点に対し，両方とも重要であると述べている（『世界標準の経営理論』86ページ）。また，『［新版］グロービスMBA経営戦略』では，資源ベース・アプローチとポジショニング論は相いれない考え方であるという見方に対し，「現在は，ポジショニング論だけでもRBV[3]だけでも企業の成功や失敗は説明できず，両方を相補的に用いることが適切とされている」と述べている（同書61ページ）。

3　リソース・ベースド・ビューのこと。本書では資源ベース・アプローチと同義として扱う（第1節参照）。

　少し考えてみれば，これは当たり前のことのように思われる。いくら外部環境の状況を正確に分析でき，差別化などの戦略を取ろうと思っても，そもそも内部の能力に欠けている企業は，外部環境に対応することができない（コダックが典型例であろう）。また，いくら内部の能力に長けた企業であっても，外部環境を正確に把握・分析できなければ対応のしようがない。大切なのは両者のバランスなのである。SWOT分析のところでも述べたが，戦略の策定には，外部の状況を理解した上で，それに対応することが求められるのであり，外部の状況と内部の能力とを比較した上で取るべき戦略を策定することが大切なのである。

　また第1章では，経営戦略論を学ぶということは，考えるための「引き出し」を手に入れることであるとも述べた。どのような文献・フレームワークにも，必ず学ぶべき何かがあるはずである。さまざまなフレームワークを学び，参考になる考えや疑問点を整理することにより，考えるための「引き出し」は増やされていく。私たちには，1つひとつのフレームワークを丹念に学び，考えることが求められているのである。

第7章　参考文献

入山章栄（2019）『世界標準の経営理論』ダイヤモンド社。

大月博司編著（2019）『経営戦略の課題と解明』文眞堂。

W・チャン・キム，レネ・モボルニュ著／入山章栄監訳，有賀裕子訳（2015）『［新版］ブルー・オーシャン戦略』ダイヤモンド社。

グロービス経営大学院編著（2017）『［新版］グロービスMBA経営戦略』ダイヤモンド社。

十川廣國編著（2006）『経営学イノベーション〈2〉 経営戦略論（第2版）』中央経済社。

ジェイ・B・バーニー著／岡田正大訳（2003）『企業戦略論』ダイヤモンド社。

ゲイリー・ハメル，C・K・プラハラード著／一條和生訳（2001）『コア・コンピタンス経営』日本経済新聞出版社

マイケル・E・ポーター著／竹内弘高監訳，DIAMONDハーバード・ビジネス・レビュー編集部訳（2018）『［新版］競争戦略論Ⅰ』ダイヤモンド社。

第8章

ダイナミック・
ケイパビリティ

　本章で扱うダイナミック・ケイパビリティと両利きの経営は，ともに資源ベース・アプローチから発展した研究であり，現代の経営学で最も盛んに研究されている分野です。学部で学ぶ学生にとっては難しい内容が含まれており，今までの学習の応用編ととらえていただければと思います。また場合によっては，本章は飛ばしていただいてもかまわないと考えます。

1．ケイパビリティとは何か

　ケイパビリティもコンピタンスと同じように，日本語では「能力」と訳されます。コア・コンピタンスが，どちらかと言うと企業の競争優位を確立するような「技術的な能力」をイメージさせるのに対し，ケイパビリティの方は，「組織の運営能力」のようなイメージがあります。このようなイメージでとらえると，同じようなコア・コンピタンスを持っていたはずの写真用フィルム製造企業であるのに，なぜ富士フイルムはそれを活かして業績を伸ばすことができたのか，そしてなぜコダックはそれを活かせずに倒産してしまったのかという問いに対して答えられそうに思われます。両者には，組織の運営能力とも言うべきケイパビリティに決定的な差があったのです。

　第7章で述べたように，例えばバーニーのような研究者は，ケイパビリティとは「企業が経営資源を組み合わせたり活用したりすることを可能にする企業属性」と定義しつつも，コンピタンスやケイパビリティのような用語の違いにはあまり意味はないと述べています。しかし，研究者の中には，その違いは重要であると考えている人もいます（『[新版]グロービスMBA経営戦略』56ページ）。そのような研究者によれば，コア・コンピタンスは特定の技術力や製造能力を指すのに対し，ケイパビリティは「組織能力」であるとされています。

　『経営戦略の課題と解明』によれば，技術的な側面を強調するコア・コンピタンスと，（組織能力という）社会的な側面を強調するケイパビリティは，それぞれ個別資源間の補完性を高めるための組織的なシステムやルーティンを意味するものであり，競争優位の構築にあたっては，コア・コンピタンスとケイパビリティは相互補完的な概念としてとらえられることになります。技術的な強みであるコア・コンピタンスを形

成・活用していくためには，社会的なケイパビリティが不可欠なのです（同書91-92ページ）。

　ただしケイパビリティも，それがあればただちに企業の競争優位に結びつくとは限りません。何らかの環境変化に遭遇した時に，企業の持っているケイパビリティがもはや役に立たなくなったり，そのケイパビリティに固執するあまり，かえってイノベーションが阻害されたりといった事態が起こることもあります。特に，過去の成功体験が大きければ大きいほど，環境変化に対して柔軟性を失う事例はたくさんあります。このように，企業の体質が硬直化することをリジディティ（rigidity）と呼びます。ケイパビリティはリジディティに変化してしまうリスクをはらんでいると言えるのです。このようなリジディティを克服するためには，企業は環境変化に適応して，組織能力を柔軟に変えていく必要があります。「コンビニは変化対応業である」という名言を残したのは，セブン・イレブン創業者の鈴木敏文氏ですが，企業永続のためには常に変化する外部環境に対応し，自らを変えていく能力が求められます。

　ダイナミック・ケイパビリティの代表的な研究者であるティースによれば，企業のケイパビリティは2つに分けられます。1つがオーディナリー・ケイパビリティで，もう1つが本章のテーマであるダイナミック・ケイパビリティです。企業がある資源に基づいて利益最大化行動を続けていけば，その行動を繰り返すようにルーティンやルールやパターンが形成されます[1]。このようなルーティンやルールを形成する能力のことが，オーディナリー・ケイパビリティ（通常能力）と呼ばれるものです（『ダイナミック・ケイパビリティの戦略経営論』29ページ）。オーディナリー・ケイパビリティとは，ある一時点における特定の一連の製品やサービスの生産と販売に関するケイパビリティのことを意味し，運

1　ミンツバーグも，戦略はさまざまな状況に応じて「後付け」で形成されると主張していた（第4章参照）。ミンツバーグはこれを「パターンとしての戦略」と呼んでいる。

用，管理，ガバナンスの各ケイパビリティに分割することができるとされます。一方，オーディナリー・ケイパビリティ自体を修正したり更新したりする，より高次の能力がダイナミック・ケイパビリティです（『経営戦略の課題と解明』107ページ）。ティースは，企業が外部環境の変化に適応して永続的に発展を望むならば，ダイナミック・ケイパビリティを備える必要があると主張しているのです。

2．ダイナミック，環境変化，進化

　ダイナミック（dynamic）とは，一般には「躍動する」という意味で解釈されているように思われます。みなさんも「ダイナミックな投球フォーム」というように使うことが多いでしょう。一方，経済学・経営学ではダイナミックを「動態的」と訳すのが一般的なようです。反対語は「静態的」（static）です。つまり，ダイナミックとは，さまざまな条件や環境が常に動いている，移り変わっているような状態のことを指します。

　例えば，「価格は需要と供給のバランスで決まる」という経済学の一般原則は，「静態的」な理論であると言われます。この理論においては，環境の変化は考慮に入っておらず，需要と供給という2つの変数が与えられれば，価格はその均衡点で決まるという立場を取っています。これに対し，シュンペーターがイノベーションとして主張したような「非連続的な変化」がダイナミックの典型例です。シュンペーターは「馬車をいくら連続的に加えても，それによって決して鉄道をうることはできない」（『経済発展の理論』上180ページ）という有名な言葉で，「動態的」とは何かを説明しました。シュンペーターに倣えば，より大きな馬車，より頑丈な馬車，より速い馬車を作ることは，「馬車を使う」という環境が何ら変化しておらず，静態的なものに過ぎません。これに対し，何

らかの"革命"が起こり，馬車に代わる画期的な乗り物（鉄道）が発明
されたとしたら，それは動態的なものになります。今までの馬車の延長
上では鉄道は決して出て来ないからです。移動手段が馬車から鉄道へと
劇的に変化する状態のことが「動態的」な状態，ダイナミックな状態と
いうことになります。同じことはアップルによるiPhoneの発明にも言
えます。携帯電話（いわゆる"ガラケー"）をいくら改良しても，ス
マートフォンにはたどり着きません。そしてスマートフォンの登場によ
り，私たちを取り巻く環境は大きく変化しました。このように，馬車か
ら鉄道への変化，ガラケーからスマートフォンへの変化は，それまでの
延長では行き着くことができない，非連続的な変化であると言えます。
このような変化がダイナミックな変化ということになります。

　以上のことから，ダイナミックという概念は「環境変化」と密接な関
係があることが分かります。前節で述べたように，ダイナミック・ケイ
パビリティは企業が環境変化に応じて，オーディナリー・ケイパビリ
ティを組み替える力であるとされます。そして，環境変化に応じて柔軟
に変化・適応していく能力は，企業の永続的な発展のためには不可欠の
能力です。「環境変化」は，現代のビジネスで最も重要なキーワードの
１つであると言えるでしょう。

　ところで，環境変化に適応する能力と聞いて，ダーウィンの進化論を
思い浮かべる人も多いのではないでしょうか。進化論では，環境にうま
く適応できた種だけが生き残り，環境に適応できなかった種は絶滅する
とされています。ダーウィンの進化論は19世紀に登場するとさまざま
な論争を巻き起こし，以後の哲学，社会思想，経済思想に大きな影響を
及ぼしました。

　この「進化」の概念を経済学に取り入れて発展してきたのが進化経済
学という分野です。進化経済学とは「進化の視点により経済現象を分
析・研究することにより，従来の経済学の限界を突破し，新しい経済学

を構築しようとする」学問です（『進化経済学ハンドブック』13ページ）。商品の進化，技術の進化，制度の進化など，扱う領域は多岐にわたっていますが，経済の諸現象を進化の過程としてとらえ，そのメカニズムの解明を目指すのが進化経済学です。もうお気づきのように，極めて動態的な学問であると言えます。この学問では，すべての事柄が進化の途上にあるととらえられます。そして，環境変化への適応をテーマとするダイナミック・ケイパビリティ論は，進化経済学から大きな影響を受けていると言われています。「ダイナミック・ケイパビリティ論と進化経済学は，これまで相互に影響を与え合って」きており，「進化経済学は，ダイナミック・ケイパビリティ論の先行研究としてその役割を果たし，しかもケイパビリティの変化や生成に関しても論理的な基礎づけを行い，その理論展開に貢献してきた」のです（『ダイナミック・ケイパビリティの戦略経営論』79ページ）。

3．ダイナミック・ケイパビリティ

　ダイナミック・ケイパビリティ論の代表的な研究者であるティースによると，ダイナミック・ケイパビリティとは以下のように定義されます。

持続的競争優位を実現するために新しい機会の感知・捕捉を図り，知識資産・ケイパビリティ・補完資産の再配置・保護を実行する能力（『ダイナミック・ケイパビリティ戦略』203ページ）

　ティースによると，ダイナミック・ケイパビリティを獲得するためには，企業には3つの能力が求められます。それが機会（または脅威）の感知，捕捉，資源の再配置です。

①　感知（sensing）

　ダイナミック・ケイパビリティは環境変化に適用するための企業の組織能力を問題にします。したがって，まず企業または経営者には，外部環境の変化とそれに伴う機会（または脅威）を感知する能力が求められます。企業は機会を識別するために，絶えず「局所的」かつ「遠隔的」に，技術・市場の探索・探査を行う必要があります（同書205ページ）。外部に常に情報のアンテナを張り，自社の属する業界や技術動向，世の中の動きなどを積極的に知ろうとする姿勢が求められることになります。

②　捕捉（seizing）

　新しい機会（または脅威）を感知したら，次に企業には，その機会をとらえて，新しい製品・サービス・プロセスを生み出したり，脅威に対して有効な対策を打ち出したりすることが求められます。そのためには，社内の既存の資源や知識を応用し，再利用することを考える必要があります。ティースは，機会の捕捉には「企業家的活動，経営活動の両方が必要」になり「捕捉とは，不確実性下で適切な意思決定を行い，その意思決定をうまく実行することである」と述べています（同書206ページ）。ここでは「意思決定」という経営者の役割が強調されていると言えます。

③　再配置（reconfiguration）

　環境変化の中で機会（または脅威）を感知し，捕捉したら，実際に意思決定を実行に移すために社内の資源の再配置が必要になります。「収益性の高い成長を持続していくためのカギは，市場・技術変化が生じたときに，資産や組織構造の再結合・再配置を実現する能力」なのです（同書212ページ）。ティースは再配置と並んで「変容（transforming）」

という言葉を使って，このことを説明しています。環境変化に対応して資源の再配置を行うことは，すなわち組織の変革にもつながります。このことから，ダイナミック・ケイパビリティに必要とされる能力は，一般に「感知・捕捉・変容」の３つから構成されるとも言われています（『ダイナミック・ケイパビリティの戦略経営論』30ページ）。

　ティースはさらに，ダイナミック・ケイパビリティを構成する一連のプロセスを「オーケストレーション能力」と呼んでいます。いくつもの楽器が参加するオーケストラでは，それぞれの楽器が奏でる音を有機的に結合し，１つのまとまった，かつ美しい旋律に作り上げなければなりません。この能力が企業にも求められると主張しているのです。環境変化に対応し，常に機会を探し，その機会をとらえ，必要な資源を再配置するオーケストレーションの能力を磨くことが，持続的な競争優位につながるというわけです。

　要するに，企業は環境変化に対応して，常に変わり続けなければならないのです。そのための能力が，環境の変化を察知し，それに対応して資源を的確に組み替える能力であるダイナミック・ケイパビリティであるというわけです。

４．ダイナミック・ケイパビリティをめぐる論争

　ダイナミック・ケイパビリティ論は資源ベース・アプローチとともに「今日，ともに経営戦略論の代表的な研究」として扱われています（『ダイナミック・ケイパビリティの戦略経営論』43ページ）。本書で述べてきた通り，ダイナミック・ケイパビリティ論は資源ベース・アプローチから発展する形で登場して来ました。と同時に，進化の概念や進化経済学，あるいは本書では扱いませんが，取引費用経済学（コース，ウィリ

アムソンなどの，いわゆる「新制度派経済学」）からも大きな影響を受けて研究が進められています。

　本書では，ダイナミック・ケイパビリティの代表的研究者ということで，ティースの主張を主に取り上げてきました。しかし，関連する研究分野が多岐にわたっているせいか，他にもさまざまな研究者がさまざまな立場で独自の理論を主張しており，ダイナミック・ケイパビリティの研究は現在，「非常に錯綜した状況」になっていると言われています（同書33ページ）。つまり，ダイナミック・ケイパビリティをどう扱い，どう解釈するかという問題は，研究者によってさまざまな立場が取られているのです。『世界標準の経営理論』では，ダイナミック・ケイパビリティはその定義すら固まっていないことが紹介されています。それによると，これまでに少なくとも8種類の定義が提示されているそうです（同書300ページ）。

　このように，研究者の間では活発な議論が展開されているダイナミック・ケイパビリティ論ですが，一方，ビジネスの実務家という立場から見ると，また別の印象を抱きます。まず，ティースが主張しているダイナミック・ケイパビリティは，ビジネスの現場では以前からいわば「当たり前」のこととして言われてきたことです。企業は環境に対応できなければ生き残っていくことはできません。そのためには外部の状況を適切にとらえ，その機会を活かしていくことが求められます。場合によっては組織の変革なども行っていかなければなりません。このような企業の能力を，オーディナリー・ケイパビリティとは別の能力として定義することが適切かどうかということについては，検討の余地がありそうです。事実，ティースが主張したダイナミック・ケイパビリティとしての能力は，オーディナリー・ケイパビリティだけでも十分事足りると主張する研究者もいます。

　次に，感知・捕捉・再配置という3つの能力を身につける重要性は理

解できますが，では具体的にどのようにすればいいかという点について，ダイナミック・ケイパビリティ論はややあいまいな印象を受けます。感知は具体的にどのように行われるのか，捕捉はどのように達成されるのかといったことが，はっきりしないのです。ダイナミック・ケイパビリティの実践には意思決定に関わる経営者の役割が重要になりますが，経営者の能力がどのように磨かれるのかについても，同じことが言えます。企業が発展できるかどうかは，結局は経営者の資質，すなわち経営者が優秀かどうか，という問題に還元されてしまうのでしょうか。

　『世界標準の経営理論』では，ダイナミック・ケイパビリティ論はいまだ理論として完成されているとは言えないことや（同書300ページ），ダイナミック・ケイパビリティ論の源流の１つである資源ベース・アプローチは，ポーターのポジショニング論に比べ，フレームワーク化が十分に進んでいないことが紹介されています（同書80ページ）。このような点が，ダイナイック・ケイパビリティ論が何かつかみどころのない印象を与える理由の１つと考えられます。

　とは言え，企業が環境に適応しながら発展するためには，自らを能動的に変え続ける能力が必要であることに変わりはありません。ダイナミック・ケイパビリティ論は今も発展途上にある研究分野です。学術的にも実務的にも，今後さらに重要となることは疑いないとも言われています（同書300ページ）。私たちには，ダイナミック・ケイパビリティという１つの「考え方」を，自分の仕事にどのように取り入れることができるか，考え続けていくことが求められると言えるでしょう。

５．両利きの経営

　ダイナミック・ケイパビリティ論と関連して，近年，特に注目されているコンセプトに，オライリー＆タッシュマンによる「両利き」[2]の経

営があります。『両利きの経営』では，これまで環境変化に適応して「転身」を果たすことができた企業とできなかった企業は何が違っていたのかという問題意識から，多くの企業の事例を分析しています。そこから導き出される結論は，環境変化に適応して転身を図ることができた企業は，ダイナミック・ケイパビリティをうまく活用することができたというもので，ティースのダイナミック・ケイパビリティ論の議論を引き継いでいます（同書48ページ）。その上で，ではなぜ成功した企業はダイナミック・ケイパビリティを活用することができたのかという問題を取り扱っています。そして，成功した企業には「成熟事業における既存の資産と組織能力を有効活用し，必要に応じて，それを新しい強みにつくり替えることに前向きで，かつ，実際にやってのける『両利きの経営』のできるリーダーが存在したからである」と結論付けています（同書49ページ）。

　両利きの経営とは，「探索」と「深化」を同時に行う経営のことであるとされています。両利きの経営を実現するためには，企業は探索と深化を同時に行わなければならないのです。探索とは，簡単に言うと新規事業の開発です。企業は，発展を目指すためには，既存事業に安住することなく，常に新しい事業・市場を探索していく必要があります。既存事業に頼るだけでは，いずれ市場が先細りになったり，競合他社の追い上げを受けて収益性が悪化したりするかもしれません。新規事業の開発は，企業発展のためには絶対に必要なことであると言えます。とは言っても，既存事業をおろそかにしていいというわけではありません。既存事業は既存事業で，持続するために努力をしなければなりません。そのためには，より効率的な運営方法を開発したり，新しいサービスを付加したりして，市場を深く掘り下げる必要があります。これが「深化」で

2　英語ではambidexterityと言う。文献によっては「双面性」や「多能」と訳されている場合もある。

す。このように，既存事業を深化させつつ，新規事業分野も探索するという，どちらも同じくらい力を入れるところが「両利き」の経営と呼ばれるゆえんです。

　オライリー＆タッシュマンは，両利きの経営を実現するためには，リーダーの役割が重要になると言います。企業が長期的に存続し，成功していく上で核心となるのが，リーダーが組織の既存の資産を再構成することで新しい事業機会をつかむ能力を持っていることなのです（同書117ページ）。その上で，企業のリーダーには，確実に新しい脅威を察知し，組織の既存資産を再構成して新しい機会をとらえる責任があると主張しています（同書125ページ）。

　オライリー＆タッシュマンは，両利きの経営を進める上での具体的な組織構造についても提言しています。通常，新規事業を担当する部署は，既存事業を担当する部署とは完全に独立して設置される場合が多いですが，それでは企業がそれまで培ってきた経営資源にアクセスすることができません。また，既存事業から隔絶した環境に置かれた新規事業担当部署には，既存事業担当部署からのサポートも十分に受けることができません。したがって，新規事業担当部署は既存事業担当部署と切り離すのではなく，むしろ融合させる必要があります。そこで求められるのが経営トップのイニシアチブです。探索ユニットが適切な状況下で，深化ユニットで学んだことを競争優位につながる形で活かすためには，上位層の支持，リーダーシップの介入が必要になるのです（同書228-229ページ）。

　とかく企業内部では部署間の利害関係が対立することがあります。既存事業と新規事業でも同じです。両利きの経営では，部門間が対立しないように社内の資源を配置し，調整を図るのは経営トップの役割であるとされています。現場の部門は部分最適を考えるのに対し，経営トップには全体最適の観点から各部門を統制し，融合させるリーダーシップが

求められるのです。

　両利きの経営は，認知心理学の研究を取り入れ，世界のイノベーショ
ン研究で，おそらく最も重要な経営理論として注目されている理論です
（同書5-6ページ）。

コラム　イノベーションと関連づける力

　ダイナミック・ケイパビリティは，環境変化に対応してオーディナリー・ケイパビリティを再利用・再配置・再構成する高次の能力とされている。企業にとって，資源を再配置・再構成する能力は重要であり，似たような考え方は他の研究分野でも盛んに主張されている。その中の代表的なものに，「イノベーションのジレンマ」で有名なクリステンセンらが主張している「関連づける力」がある。

　クリステンセンは2011年，他の研究者たちと共著で『イノベーションのDNA』を出版している。それによると，画期的なイノベーションは天才的なひらめきから生まれるのではなく，そのアイデア自体は普通に身の回りにあるものであると言う。つまり，天才でなくても画期的なノベーションを起こすことができるのである。ではイノベーションを起こせる企業と起こせない企業は何が違うのか。クリステンセンらによると，それは物事を「関連づける力」の有無なのである。

　例えば，アップルの創業者であるスティーブ・ジョブズは，誰もが認める世界的なイノベーターであるが，彼は，アイデアが常人離れしているのではなく，「実はつながっていないものをつなげることによって，違う考え方をしているにすぎない」のである（同書47ページ）。つまり，イノベーターが天才的なひらめきによって画期的なアイデアを生み出しているのではなく，既存のアイデアの素材を「関連づけている」に過ぎないと言うのである。そしてイノベーターは，創造的な関連づけを促す重要な触媒として，質問や観察，実験などを通して，多様な新しい情報やアイデアを熱心に追求しているのである（同書47ページ。なお，このことはティースの言う「感知」に相当する考え方であると思われる）。イノベーティブなアイデアは，さまざまな人たちの多様な経験が交わる場所で花開く。イノベーターは多様な経験が花開き，新しい洞察の発見を誘発する交差

点に，意図的に身を投じているのである（同書52-53ページ）。

　事実，アップルでは歴史家や動物学者，詩人など，多様な分野の専門家を製品開発のチームに加えて，それまでにない画期的な製品を世に送り出し続けている。

　多様な経験や能力が集まることによって新しいアイデアの花が開くという考え方は，現代のビジネスでその重要性が指摘されている「多様性」（diversity：ダイバーシティ）の議論へもつながる考え方である。かつての日本型経営では，画一性が1つの強みとして認識されてきた。例えば，人事制度である。大学を卒業した新入社員は「総合職」として採用され，年功序列と終身雇用という制度の下，みんなが同じようなキャリアを歩むことが前提とされていた。20世紀型の日本型経営は，集団の意思を重んじる日本人の気質とも相まって，成功モデルとして世界から注目を浴びた。しかし，やがて環境が変わり，日本が低成長の時代に入ると，画一的な日本型経営に疑問が呈されることになった。そこで浮上してきた議論が多様性を重んじるダイバーシティ経営である。経済産業省によると，ダイバーシティ経営とは「多様な人材を活かし，その能力が最大限発揮できる機会を提供することで，イノベーションを生み出し，価値創造につなげている経営」のことを指す。

　クリステンセンが主張しているように，イノベーションを生み出し，持続的に企業を成長させるためには，多様な人材・能力が交わり合いながら，物事を関連づける能力が求められている。ダイナミック・ケイパビリティもイノベーションのDNAも，基本となる考え方の源は同じなのかもしれない。

第8章　参考文献

入山章栄（2019）『世界標準の経営理論』ダイヤモンド社。

大月博司編著（2019）『経営戦略の課題と解明』文眞堂。

チャールズ・A・オライリー，マイケル・L・タッシュマン著／入山章栄監訳，渡部典子訳（2019）『両利きの経営』東洋経済新報社。

菊澤研宗編著（2018）『ダイナミック・ケイパビリティの戦略経営論』中央経済社。

クレイトン・クリステンセン，ジェフリー・ダイアー，ハル・グレガーセン著／櫻井祐子訳（2012）『イノベーションのDNA』翔泳社。

グロービス経営大学院編著（2017）『［新版］グロービスMBA経営戦略』ダイヤモンド社。

ジョセフ・A・シュムペーター著／塩野谷祐一，中山伊知郎，東畑精一訳（1977）『経済発展の理論』岩波書店。

進化経済学会編（2006）『進化経済学ハンドブック』共立出版。

デビッド・J・ティース著／谷口和弘，蜂巣旭，川西章弘，ステラ・S・チェン訳（2013）『ダイナミック・ケイパビリティ戦略』ダイヤモンド社。

第9章

多角化戦略と
M&A

　本章では多角化戦略について考えていきます。重要なキーワードはシナジーとM&Aです。M&Aは，企業が成長するための有力な手段として，多くの企業に取り入れられています。近年では大企業にとどまらず，中小企業も積極的にM&Aに取り組む事例が増えています。企業はなぜM&Aを積極的に活用するのか，M&Aにはどのようなメリットがあるのかについて，理解を深めていただければと思います。

１．多角化戦略とシナジー

　本章では，企業が大きく成長するための有力な戦略である多角化について考えていきます。そのために，再びアンゾフの成長ベクトルに戻ってみましょう（34ページ参照）。アンゾフは成長ベクトルによって，企業が成長する方向を示しましたが，多角化は「新しい商品・サービスを新しい市場・顧客に売る」という戦略です。「現在の商品・サービスを現在の市場・顧客に売る」という，自社が現在行っている事業分野以外のすべてが対象になります。したがって，その方法は無限にあることになります。新しい事業分野をどんどん増やし，それを成功させれば，企業は大きく成長することができます。力のある大企業は，多角化によって事業を拡大しています。例えば，日本を代表する総合商社である伊藤忠商事は，大きく分けて８つの事業分野でビジネスを展開しており，子会社・関連会社は主要なものだけでも200社以上に上ります（2020年現在）。

　ところで，多角化はそれまで未経験だった事業分野に進出するものですから，当然リスクが高い戦略と言えます。全く新しい事業では，それまで培った自社のノウハウを活かすことができないからです。例えば，北海道の建設会社がアフリカで居酒屋を経営するとか，宇宙開発事業に乗り出すとしたらどうでしょうか。これは，多角化戦略であるのは間違いないのですが，リスクが非常に高く，成功する確率は低そうな印象を持ちます。第一，アフリカの現地の言語・文化や高度なロケット工学のノウハウを，地方の建設会社が持っているとは思えません。

　多角化戦略は全くの異分野に投資を行って事業を伸ばそうとする戦略です。リスクが高いのは理解できても，ビジネスとしての投資である以上，少しでもリスクを減らし，投資リターンを得なければなりません。

多角化なら何でもいいというわけにはいかないのです。そこで大切になってくるキーワードが，「シナジー」です。

　シナジーについても，第3章でアンゾフによる説明を解説しました。シナジーは日本語で「相乗効果」と訳され，1＋1を2以上にすることを指します。多角化を行う時には，その多角化によってシナジーが得られるような事業を選ぶことが重要になります。事業にシナジーがあれば，その事業は成功する確率が高くなり，また多角化により既存の事業にもメリットをもたらします。

　先ほどは北海道の建設会社がアフリカで居酒屋を経営するという，極端で突飛な例を挙げましたが，もしこれが総合商社だったらどうでしょうか。つまり，総合商社がアフリカで居酒屋を経営したらどんなことが考えられるでしょうか。総合商社は「ラーメンからロケットまで」と言われるように，地球上のあらゆる商品をあらゆる市場で取引しています。外国語のスキルや現地の情報も十分に持っています。そのような総合商社がアフリカで居酒屋を展開したら，居酒屋自体から収益を上げられるのはもちろん，居酒屋で使う食材も自社の扱い商品を売ることができます。またレジや売上管理システムも自社経由で売ることができます。このような仕組みで，総合商社が居酒屋を経営すると，複数の手段で売り上げを上げることができると考えられます。これがシナジーを生むということなのです。

　総合商社は伝統的に，ビジネスのさまざまなプロセスに参加することによって売り上げを増やしてきました。最近だとコンビニの例があります。ローソンは三菱商事，ファミリーマートは伊藤忠商事のグループ企業ですが，例えばコンビニ弁当では，まず商社は弁当工場に原材料や食材を売ることができます。また弁当容器（多くはプラスチック）も売ることができます。そして出来上がった弁当を工場から仕入れ，コンビニに売っています。総合商社はさまざまな企業をグループ化して，コンビ

ニ弁当という１つの商品の流通で何度も繰り返し売り上げを上げている
のです。コンビニチェーンが拡大して店舗数が増えれば増えるほど，総
合商社の売り上げもそれに比例して増えていきます。

　このように総合商社は，多角化を進めることによって大きなシナジー
を生み出していると考えられるのです。

２．外部成長を実現するM&A

　アンゾフが示した成長ベクトルは，企業をどの方向に成長させるかを
示したものでした。しかし，企業の成長を考える時，どの方向に成長さ
せるかを考えるのももちろん大切ですが，同時に，「どのように成長さ
せるか」を考えるのも大切なことです。それを考えるのが「成長戦略」
です。その時，企業には取りえる手段が２つあります。１つは「内部成
長」，もう１つが「外部成長」です。

　内部成長は自律的成長とも呼ばれ，新製品の開発や拠点の拡大によっ
てもたらされます。要するに，現在の事業を伸ばし，毎年の利益を積み
重ねて企業を成長させる方法です。一般に企業の成長というと，みなさ
んが思い浮かぶのはこの内部成長のことではないでしょうか。いわゆる
老舗と呼ばれる企業は，先祖代々，脈々と事業を営み，経営の基盤を築
き上げてきた企業が多いようです。事業が途切れることなく継続された
結果，伝統やブランドが培われ，社会から尊敬を集めている企業もたく
さんあります。老舗が築き上げてきたこれらの資産は，長年にわたる内
部成長の結果であると言えます。

　しかし，内部成長を目指す戦略にはデメリットもあります。爆発的な
大ヒット商品を開発し，短期間で売り上げを数倍や数十倍に伸ばした事
例がないことはないですが，大多数の企業では年間の売上成長率は数％
程度です。みなさんも電卓で計算してみていただきたいのですが，仮に

年２％の成長を続けたとして，売り上げを倍にするには35年という時間が必要になります。つまり，内部成長には時間がかかるのです。また，内部成長は企業が既存の事業の延長線上で成長を目指す戦略なので，ある時点で人材や社内の能力が不足し，成長が実現できないという局面を迎える可能性があります。

　これに対し外部成長は，他の企業を買収することにより，それまで自社になかった市場や顧客，製品，ノウハウなどを取り込み，一気に成長する方法です。この外部成長を実現する手段がM&Aです。

　M&AはMergers & Acquisitionsの略で「合併，買収」という意味です。M&Aは内部成長のデメリットであった「成長のためにかかる時間」を節約し，その時間をお金で買うことによって，短期間に成長を実現させます。低成長時代に入った日本では，多くの企業が成長を求めてM&Aに積極的に投資しています。例えば，武田薬品工業は2019年，アイルランドの製薬大手・シャイヤーを約６兆2,000億円で買収し，大きなニュースになりました。日本企業による海外企業の買収額としては当時の過去最高額です。大企業は巨額のM&Aを行い，業界における優位な立場を得ようと競争を繰り広げています。

　M&Aは，ポーターの指摘した参入障壁を克服する手段としても有効です。許認可を必要とする業界に参入する時，すでに免許を持っている企業を買収すれば，翌日からその事業に参入することができます。優れた特許を持っている企業を買収すれば，その知的財産を独占することもできます。これはM&Aの持つ大きなメリットであると言えます。

　また，M&Aを使えば，多角化のリスクも克服することができます。ノウハウのない全くの新分野へも，そのノウハウを持つ企業を買収することによって参入することができるからです。アンゾフの示した多角化戦略を実現するには，M&Aは極めて有効な手段なのです。

　M&Aは多くの場合，巨額の資金が必要になるので，大企業だけのも

のだと思われがちですが，近年は中小企業でも積極的に取り組む企業が増えています。中小企業は現在，後継者がいないということが大きな経営課題の１つになっています。後継者が見つからなければ，廃業ということになりますが，それらの企業の中には優れた企業もたくさんあり，廃業するのは非常に惜しいわけです。そこで，後継者のいない中小企業を意欲のある他企業が買収し，事業を継続させる動きが活発になっています。これを「事業承継型M&A」と呼びますが，現在その需要は拡大しています。

　以上のように大企業から中小企業まで，M&Aは成長の手段として注目されています。次節でM&Aにはどのようなものがあるか，解説していきます。

３．M&Aの種類

①　合　併

　合併は文字通り，２つ以上の会社がくっついて１つになることを指します。

　近年，合併を繰り返してきた代表的な業界に銀行業界があります。1990年代，日本には「都市銀行」と呼ばれる大銀行が13行ありました。銀行はその後，合併を繰り返し，現在では三井住友，みずほ，三菱UFJの３つのメガバンクに再編されています。現在のメガバンクはあまりにもたくさんの合併を繰り返してきたので，もともとどの銀行が合併して出来たものなのか，覚えている人も少ないと思います。みずほ銀行を例に取ると，第一勧業銀行，日本興業銀行，富士銀行の３行が合併して出来ました。

　合併は複数の会社がくっついて１つになることなので，合併前の従業員や事業，債権債務などの権利義務関係もすべて合併後の会社に引き継

がれます。合併前の第一勧業銀行時代に組んだ住宅ローンは，そのままみずほ銀行に引き継がれ，返済はみずほ銀行に対して行うことになります。

　合併は異なる会社を1つにくっつけるために，例えば給与体系とか社内規則なども，どちらかの会社に合わせる必要があります。また企業風土も会社によって異なるので，合併後，本当の意味で1つの企業としてまとまるには，それ相応の時間がかかるという難点があります。

図表9－1　合併の仕組み

②　買　収

　買収は，ある会社の株式を買い取ることにより，自社がその会社の親会社になることを指します。合併と違うのは，買収される会社は引き続き独立した会社として存続するということです。図表9－2で見ると，P社はS社の株主から株式を買い取り，S社を子会社にします。P社はS社を子会社にしたわけですから，経営への支配権を獲得し，自らの意に沿うような経営を行うことができます。しかし合併と違い，S社は会社として存続するので，原則として事業はそのまま継続します。したがって合併のように，企業風土の融合に時間がかかるというデメリットを避けることができます。

　なお，通常買収は現金で株式を買い取りますが，現金での買い取りの代わりに，P社がP社株式をS社株主に発行し，その対価としてS社株式を受け取る形で行われることもあります。このような手法を「株式交換」と呼びます。株式交換だと，買い取りのための現金を用意する必要

がないので，特に業績好調で株価が高い企業は，株式交換で企業買収を容易に行うことができます。

　企業買収は事業を拡大する手段として盛んに利用されます。みなさんもご存じの例だと，ヤフーによるZOZOTOWNの買収が挙げられます。インターネット大手のヤフーは2019年，通販サイトZOZOTOWNを運営するZOZOの株式の過半数を約4,000億円で買収し，子会社化しました。ZOZOの子会社化により，ヤフーは自社で手掛けるインターネット通販事業のさらなる拡大を狙えると同時に，ZOZOが持つ顧客層も取り込むことができたと言われています。

図表９－２　買収の仕組み

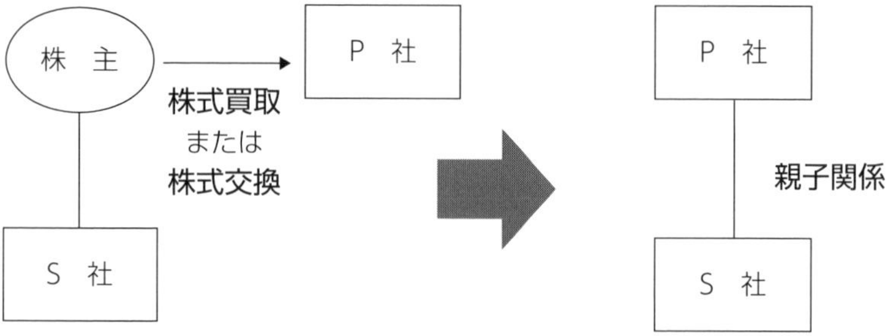

③　事業譲渡

　企業買収は，会社の株式を売買することによりその会社を子会社にする手法ですが，M&Aにおいては，売り買いされるのは会社の株式だけではありません。会社の「事業」あるいは「部門」もM&Aの対象になります。会社を丸ごと売買することを「買収」と呼ぶのに対し，ある事業やある部門を売買することは「事業譲渡」と呼ばれます。

図表9-3　事業譲渡の仕組み

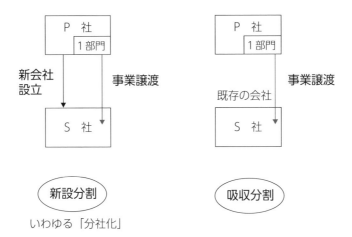

いわゆる「分社化」

　事業譲渡はさらに，新たに会社を設立してその新会社が事業を譲り受ける「新設分割」と，既存の会社に事業を譲り渡す「吸収分割」の2種類に分けられます。前者はよく「分社化」と呼ばれます。買収の場合は企業を丸ごと売買するので，買い手からすると必要のない事業まで引き受けることになりますが，事業譲渡だと必要な部分だけを売買できるので，売る方も買う方も，効率的に事業を再編することができます。

　例えば，アメリカの大手銀行シティバンクは，日本国内に32の支店を展開していましたが，日本における事業を2015年にSMBC信託銀行に譲渡しました。これにより，32の支店と約1,600人の従業員はSMBC信託銀行に移りました。そしてSMBC信託銀行は，シティバンクが持っていた約74万人の顧客と2兆円以上の預金資産を受け継ぎました。これだけの顧客を1から開拓するのは容易ではありません。SMBC信託銀行は，M&Aの大きなメリットである，時間を買うことができたのです。

④　株式移転

　最後に紹介するのは株式移転による持株会社設立です。持株会社は他の会社の株式を保有することによりその会社を支配する会社のことで，一般に「ホールディングス」と呼ばれます。「○○ホールディングス」という社名が最近増えていることにお気づきの人も多いと思います。

　持株会社の設立は，まずP社，S社それぞれの株主が自分の持ち株を出し合い，新たに設立されるH社の株式と交換します。これにより，それぞれの株主はH社の株主となり，H社は譲り受けたP社とS社の株式を保有することによりP社とS社を支配下に入れます。H社はP社とS社の株式を保有することを目的に設立され，自らは事業を行いません（純粋持株会社の場合）。

　持株会社形式だと，異なる事業をそれぞれの子会社に分けて行うことができ，また不必要な事業は売却したり，必要な事業を付け加えたりすることが機動的に行えるので，現在，多くの企業で持株会社制度が取り入れられています。

図表9－4　株式移転による持株会社設立

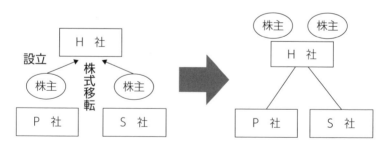

第10章

ランチェスター戦略

　本章で取り上げるランチェスター戦略は，学生時代よりも，むしろ社会に出てから学ぶ機会が多いでしょう。戦いは強いものが必ず勝つとは限りません。スポーツでも戦争でも，弱い者が強い者を負かす例はたくさんあります。弱い者は強い者にどう立ち向かえばいいのか，どう戦えば勝てるのかについて，ランチェスター戦略は教えてくれます。ビジネスパーソンの間でとても人気のある戦略です。

1．ランチェスターの法則

　本章では『ランチェスター思考』に基づいて，ランチェスター戦略を解説します。ランチェスター戦略は経営学の教科書ではほとんど取り上げられていません。しかし，ビジネスの現場ではとても人気があり，多くのビジネスパーソンがその内容を学んでいます。教科書に取り上げられていないからといって，経営学的に意味がないのかというとそうでもなく，ランチェスター戦略学会という学会もあり，研究者の間でももちろん研究されています。

　ランチェスター戦略は，もともと戦争の法則であった「ランチェスターの法則」をビジネス分野に応用したものです。ランチェスター戦略は，ランチェスターの法則にマーケティングの知見を加え，1970年代に日本の経営コンサルタントによって体系化されました。本節ではまず，ランチェスターの法則から解説していきます。

　ランチェスターとはイギリスの人の名前です。第一次世界大戦において，人類史上初めて飛行機による戦いが行われたのはみなさんもご存じと思いますが，ランチェスターはその飛行機による空中戦を分析し，兵力量と損害量の関係から，ある法則を導き出しました。それがランチェスターの法則と呼ばれるものです。それは一言で言うと，戦いはどのように決まるかを解明した法則であると言えます。ランチェスターの法則は次の2つから構成されます。

　第1法則（一騎打ちの法則）：一騎打ちの場合，武器の性能が同じなら，戦闘力は兵力（兵士の数）に比例する。

　第2法則（集団戦闘の法則）：互いに相手の部隊に無差別に発砲する集団戦闘の場合，武器の性能が同じなら，戦闘力は兵力の2乗に比例す

る。

　第１法則はみなさんも直感的に理解できると思います。一騎打ちの場合には，武器の性能が同じなら，兵力の多い方が勝つことは理解できるでしょう。例えば，鉄砲で撃ち合う決闘（一騎打ち）を行う時に，横から誰かが加勢して２対１あるいは３対１になったら，絶対に数が多い方が勝ちます。第１法則はこのことを言っています。

　第２法則も理解できると思いますが，ポイントは「兵力の２乗に比例する」という部分です。第２法則は集団戦闘ですので，軍隊と軍隊が戦う場面が想定できます。その場合，同じ性能の武器で戦っているとしたら，ランチェスターは，戦闘力は兵力の２乗に比例すると主張しているのです。例えば，100対200の兵力で戦ったとしたら，戦闘力は10,000対40,000ということになり，数の多い方が４倍の戦闘力を持つことになります（逆に言うと，数に劣る側が２乗の戦闘力差を覆すだけの強力な兵器を持っていれば，劣勢をひっくり返すことができます。圧倒的な破壊力のある兵器がない限り，数に劣る側が勝つことはできないということになります）。

　この２つの法則から導き出される結論は，「数に劣る側は，どう頑張っても数の多い側には勝てないので，正面からの戦いを挑んではいけない」ということと，逆に「数に勝る側は，数の力で相手をねじ伏せることが戦いに勝つ方法である」ということです。数の多い側は２乗の戦闘力を持つことになるので，その数の力で相手に向かうと，圧倒的に有利な戦いができるということになります。逆に数に劣る側は，絶対に正面から戦いを挑んではいけません。

　では，数に劣る側はどのように戦えばいいのかということになりますが，それを教えてくれるのが「ランチェスター戦略」です。先ほども述べましたが，ランチェスター戦略は，ランチェスターの法則にマーケ

ティングの知見を取り入れ，日本の経営コンサルタントが戦略として体系化しました。

　その内容は，戦略には「強者の戦略」と「弱者の戦略」がある，市場占拠率には目標とするべき数字がある，市場占拠率には有効射程（相手に追いつける限度）があるという，３つの主張に分けることができます。次節以下でそれらについて解説していきます。

２．強者の戦略・弱者の戦略

　前節で述べたように，ランチェスターの法則からは，強者には強者の戦い方があり，弱者には弱者の戦い方があるという結論が導き出されます。ランチェスター戦略はビジネスの戦略なので，ここではまず，ビジネスにおける「強者」と「弱者」とは何かということを整理しておきましょう。

　ビジネスにおいて「強者」とは，いわゆる大企業をイメージすると分かりやすいと思います。組織が大きい，社員（兵力）がたくさんいる，資金が豊富にある，優れた技術をたくさん保有している，ブランド力があるといったところが大企業のイメージでしょうか。ビジネスにおける「強者」とはこのような存在です。

　強者は圧倒的に力で勝る存在です。ランチェスターの法則では，戦闘力は数に比例しますので，強者は数で押しまくる戦い方をすべきということになります。したがって強者の戦い方としては，以下のようなものが考えられます。

- **総力戦を仕掛ける**
- **資本力にモノを言わせる**
- **広域戦で勝負する**

● **圧倒的シェアを取る**

　一般にイメージできる大企業の戦略はこのようなものではないでしょうか。圧倒的な物量と資本力を武器に，多店舗展開，全国展開，大規模店舗開発など，大企業はスケールの大きい戦い方をします。また，資本力を武器にして，場合によっては競争相手をつぶすために，赤字覚悟の低価格競争を仕掛けることもあります。

　家電量販店や総合スーパーなどの取っている戦略は，まさに強者の戦略の典型例であると言えるでしょう。

　このように，力と数によって攻めてくる「強者」を前に，「弱者」はなすすべはないのでしょうか。歴史を紐解けば，織田信長の桶狭間の戦いのように，数で劣る弱者が勝利を収めた戦いはたくさんの例があります。桶狭間の戦いの場合，諸説ありますが，25,000人の今川軍に対し，織田軍はわずか2,000人で勝利を収めたと言われています。このような勝利がなぜ可能なのか，ランチェスター戦略は，弱者には弱者の戦い方があると教えてくれます。しかしそれは強者と同じ戦い方ではありません。

　弱者は力も資金もないので，強者の戦い方とは違う戦い方をしなければなりません。一言で言うと，正面からのぶつかり合いを避けるということです。

　弱者はビジネスで言うと中小企業ということになります。中小企業の戦い方としては以下のようなことが考えられます。

● **一騎打ちに持ち込む**
● **一点に集中する**
● **局地戦（狭い範囲）で戦う**

織田信長は自軍の10倍近い今川軍に対し，「今川義元の首を取る」その一点に集中し，全軍で今川義元を目指し奇襲攻撃をかけました。一点に集中することにより，部分的に敵より数で優勢な状態を作り出すことができたのです。ビジネスの場合で考えると，ある1分野に経営資源をすべて集中し，この分野でだけはどんな大企業にも負けない分野を作るとか，大企業が手を出さない分野でトップを目指すなどの戦略が考えられます。

　ランチェスター戦略は，このように弱者には弱者の戦い方があり，強者に対して勝利を収めることができることを教えてくれます。私は個人的に，経営戦略は弱者である中小企業にこそ必要であり，中小企業こそ戦略を学ぶべきであると思っています。力のある大企業は，力で押していけば，ある意味黙っていても勝つことができるからです。ランチェスター戦略は，強者の戦い方を知った上で，弱者である中小企業がどう戦えばいいかを教えてくれます。多くのビジネスパーソンがランチェスター戦略を学んでいるのも，力で劣る中小企業がどうしたら勝利を収めることができるのか，学ぼうとしているからなのです。

3．市場占拠率の目標数値モデル

　これまで，強者の戦略と弱者の戦略について述べてきました。しかし実際に戦略を実行する時には，まず自分は強者なのか弱者なのかを判断しなければなりません。前節ではおおまかに大企業は強者，中小企業は弱者と分類しましたが，そもそも強弱は相手との相対的な関係で決まるものです。そこでランチェスター戦略では，市場占拠率（マーケット・シェア，以下「シェア」）を1つの指標として，強者と弱者を分類することにしています。それが「市場占拠率の目標数値モデル」です。

　もともとは第二次世界大戦中にアメリカ海軍で研究された「戦闘の数

値モデル」がベースになっています。戦争の勝敗は，敵と味方との兵力差や制圧地域の占有率の差によって左右されるというモデルです。そのポイントは以下の通りです。

①　兵力が73.88：26.12（約３：１）以上開けば，少数側は勝てない。
②　戦闘地域を100％制圧しなくても，73.88％以上に達すれば，敵は対抗力を失う。
③　占有率が41.7％以上であれば，敵と互角の拮抗状態となる。
④　占有率が26.12％を切れば，対抗力を失い，敗北する。

このアメリカ海軍の数値モデルに，マーケティングの知見を組み合わせて「市場占拠率の目標数値モデル」は作られています。ビジネスはいわば，「市場」という戦闘地域で，いかに自社の制圧地域を増やすかを争っている戦いであると言えます。「市場占拠率の目標数値モデル」は，シェアを戦争の制圧地域になぞらえて，目標とすべきシェアを割り出しています。そのポイントは以下の通りです[1]。

①　上限目標値　74％：絶対的独走状態
②　安定目標値　42％：安定的な強者の位置。独走状態に入る。
③　下限目標値　26％：弱者と強者の分岐点

ランチェスター戦略を作り出した日本のコンサルタントは，企業間における戦いは，明らかにシェアをめぐる戦いであると述べ，シェアを取る重要性を主張しています。実際，多くの大企業が，自社のシェアを拡

1　実際にはさらに下の19％，11％，７％，３％の目標値も示されているが，ここではアメリカ海軍の数理モデルと対照するため，上位の３つのみ示した。

大することにしのぎを削っています。ビール業界はその典型例でしょう。ランチェスター戦略は，他社との戦いの中で，どこまでシェアを取っていけばいいかという目標を与えてくれています。

　この「市場占拠率の目標数値モデル」によれば，シェア26％が強者と弱者の分かれ目とされています。そして42％のシェアが取れれば，独走状態に入ることができます。したがって，シェア26％以下の企業は弱者の戦略を取り，まずはシェア26％を目指すべきということになります。

　シェアが26％に達したら，初めてまともに戦うことができます。競合企業との相対的な関係の中で，強者の戦略を取ることができます。ただし，シェア42％を取っている企業を相手にする場合には，強者の戦略は通用しません。依然として弱者の戦略で戦い，シェア42％を目指すことになります。

　逆に42％以上のシェアを持っている企業は，強者の戦略を取るべきです。シェア42％という数字は，他のすべてのライバルが連合して攻めてきても拮抗状態を維持できるシェアです（根拠はアメリカ海軍の数値モデル③）。シェア42％を取っている企業は強者の戦略で相手を押しまくり，シェア74％を達成できれば，完全独走状態になることができます。

　このように「市場占拠率の目標数値モデル」の意義は，目標設定に対するあいまいさを排し，目指すべきシェアの目標を数値で表したところにあります。これによって，自分が強者なのか弱者なのかを数値で認識することができます。その上で，企業はそれぞれの立場に合った戦い方を進めることができるようになるのです。

4．シェア向上のための３つの戦略

　目標とするシェアの数値が導き出されると，その目標に向かってシェアを引き上げていかなければなりません。ランチェスター戦略では，その方法を３つの競争原理にまとめています。これらは，強者と弱者の戦略の内容から導き出される行動です。

① **ナンバーワン主義（占拠率優勢の法則）**：マーケットを細かく分け，小さくてもナンバーワンになれる，またはナンバーワンになっている得意分野を起点に，そこからナンバーワンの領域を広げていく。

　⇒弱者でもごく狭い分野や地域に絞れば，弱者の戦略である一騎打ちに持ち込むことができ，その狭い部分では「強者」のポジションを獲得できる可能性があります。

② **競争目標と攻撃目標の分離（弱いものいじめの法則）**：競争目標は，自社とシェアが伯仲しているか，若干上にある企業とする。一方，攻撃目標は自社よりシェアが低い企業とする。

　⇒シェアの目標値を定めたら，それを引き上げていくために活動をするわけですが，いきなり圧倒的な差が開いている相手に追いつこうとするのは得策ではありません。まずは「少し上」の相手のシェアに追いつくことを目指して，少しずつシェアを拡大していくことが必要になります。その時に戦いを挑むべきなのは，自分よりも弱い者です。戦争でもスポーツでもそうですが，弱い者を徹底的にたたくことによって，こちらは有利な地位を獲得することができます。また，自分よりも弱い者を相手にすれば，こちらは強者の戦略を使うことができます。

③　**一点集中主義**：数ある目標の中から１つを選び，持てる力をそこにすべて集中して，短期間で決定的な実績を上げていく。最初にたたくべき目標は，足下の敵である（３位なら４位をたたく）。
⇒一点集中主義は，典型的な弱者の戦略です。その上で，自分よりも弱い者をたたくという「弱い者いじめの法則」を組み合わせて，弱者でもシェアを拡大することができると説いています。

　この３つの戦略の中で主張されているのは，ナンバーワンになることの大切さです。それは強者でも弱者でも変わりません。繰り返しますが，弱者でも，ある狭い分野や地域に絞って一点集中主義を取れば，ナンバーワンになることができるのです。ランチェスター戦略では，ナンバーワンをいくつ持つことができるかが勝敗を左右するとされています。GEの経営を立て直したことで有名なジャック・ウェルチは「シェアがナンバーワン（またはナンバーツー）になれる分野にのみ集中し，なれない分野からは撤退する」と宣言して，「選択と集中」を実行しました。
　ナンバーワンになる方法としては，主に次の３つの方法があります。

①　**地域でナンバーワンになる**：まず地元で勝つことから始める。
②　**得意先のナンバーワンになる**：得意先からの発注量１位を目指す。
③　**商品のナンバーワンを作る**：看板商品，人気商品の開発に挑戦する。

　一般論として，この方法を実行する順序は以下のようになります。

弱者の戦略：①地域でナンバーワンになる　②得意先のナンバーワンになる　③商品のナンバーワンになる
強者の戦略：①商品でナンバーワンになる　②得意先のナンバーワン

になる　③地域のナンバーワンになる。

　強者の場合は，経営資源が豊富なので，まずやるべきことは全国的な
ヒット商品を生み出すことであり，弱者の場合は狭い範囲に絞り込み，
まずは地域で地道にナンバーワンを目指す取り組みをするべきだという
ことが分かります。

5．市場占拠率の有効射程

　前節で述べたように，シェアには目標とすべき数値があり，企業の戦
い方は，競合相手とのシェアの差によって相対的に決まります。戦う相
手によって，強者の戦略を取れる時もあれば，弱者の戦略で戦わなけれ
ばならない時もあります。そしてシェア42％を達成できたら，独走状
態を築くことができ，74％なら完全独走状態となります。つまり，
74％のシェアを占めている競合相手には，事実上戦っても無駄という
ことになります。

　ランチェスター戦略は戦争の戦略にその起源がありますから，当然
「逃げる」「撤退する」という選択肢もあります。アメリカ海軍の数値モ
デル①にもある通り，兵力差が３：１以上開いてしまったら，少数側に
勝ち目はないのです。これは「市場占拠率の目標数値モデル」における
完全独走状態である上限目標値74％と，強者と弱者の分かれ目である
下限目標値26％の比率に符合します。ランチェスター戦略では，この
ように差がついた場合には，まともに戦っても勝ち目はないので，一気
に逆転を狙ってはいけないとされています。弱者の戦略を使って，狭い
範囲で少しずつ地道にシェア向上を図るか，さもなければ撤退するとい
うことを考えなければなりません。その比率がシェア差３：１であり，
これを「有効射程」と名付けています。ランチェスター戦略においては，

「逃げる」「撤退する」ことも立派な戦略なのです。とはいえ「撤退」の決断はとても難しいものです（第2章第5節参照）。みなさんも「引き返す勇気も必要だ」という言葉を聞いたことがあると思います。戦略とはそもそも戦いに勝つために，どう考えるか，その考え方のことですから（第1章参照），勝ち目がない戦いはしてはいけないのです。市場占拠率の有効射程はこのことを教えてくれます。自分の3倍以上の兵力の相手には戦いを挑んではいけないのです。

　その相手に無謀にも挑んだ例が，太平洋戦争時の日本です。当時の日米の国力差は3倍どころか10倍もしくは20倍であったと言われています。それでも緒戦は弱者の戦略である「奇襲」（真珠湾攻撃）を行い，何とか互角に戦いました。しかしやがてアメリカ軍に負けたのは，みなさんご存じの通りです。

　日本の致命的な失敗は，戦争を始めたのはいいが，そもそも目標は何なのか，そしてどうなったらゴールになるのかが決まっていなかったことです。アメリカ全土を占領するのが目標なのか（そんなことはありませんが），ひとまず東南アジアの石油地帯を押さえればそれでよかったのか，確固とした目標がありませんでした。したがって戦争終了となるゴールも設定できていなかったのです。

　有効射程の範囲外にあるアメリカという絶対的な強者を相手に戦っていたにもかかわらず，日本は弱者の戦略も取りませんでした。弱者の戦略を取るなら，ごく狭い範囲にのみ軍を展開し，その地域を支配することを考えるはずです。しかし現実の日本軍は，南太平洋から東南アジア，インドまで戦線を拡大し，どうにもならない状態になってしまいました（これに加えて中国にもすでに進出していました）。

　ランチェスター戦略は，3倍の差が開いた相手とは戦わず，逃げる，または撤退することを教えていますが，日本は戦いを挑んだばかりか，撤退することもできませんでした。ここまで攻められたら戦争を終わら

せる（降伏する）という基準を決めていなかったのです。企業経営でも普通は，致命傷を受ける前に「赤字が○○円まで拡大したら，その事業から撤退する」という基準を決めておくものです。そうしないと会社が倒産するといった事態を招くかもしれません。しかし日本軍にはそれがなかったのです。その結果，日本は致命傷を負うことになったのは歴史が示している通りです。当時の日本軍は，兵力差３倍以上の強者（有効射程外の強者）に戦いを挑んだこと，弱者の戦略を取らなかったこと，撤退を戦略に織り込んでいなかったこと，といういくつもの判断の誤りを犯していたことが分かります。

　ランチェスター戦略は，弱者が戦い，生き残っていくための方法をいくつも私たちに教えてくれます。企業経営者にはランチェスター戦略のファンが多いですが，こうしたことが理由であると思われます。

第10章　参考文献

福田秀人著（2008）『ランチェスター思考』東洋経済新報社。

第11章

企業連携の
経営戦略

　企業は競争を通じてライバルとの戦いを制し，成長を実現していきます。しかし近年，競争だけが成長の手段ではなく，さまざまな利害関係者と手を組み連携した方が，より効果的に成長を実現できるという考えが浸透してきました。現在では，多くの企業が連携の効果を求めて戦略を構築しています。本章では，連携が企業経営にもたらす効果について考えていきます。

1．オープン・イノベーション

　第8章では，イノベーションを実現することができる企業の特徴として，ダイナミック・ケイパビリティを中心に，企業自体の能力について解説しました。本章では，企業が連携することによるイノベーションの実現をテーマに取り上げます。イノベーションは企業あるいは経営者の単独の独力で達成されると思いがちですが，実はイノベーションを生み出すには何らかの「仕組み」があり，この「仕組み」の解明が近年の経営学の重要な研究テーマとなっています（ダイナミック・ケイパビリティ論はその代表です）。そしてこの「仕組み」はさらに，企業の単独の努力を超えたものであるらしいことも分かってきました。つまり，イノベーションを実現するためには，複数の企業が連携することが必要だという考え方です。このような考え方の代表格が，チェスブロウが提唱する「オープン・イノベーション（open innovation）」です。

　チェスブロウによれば，オープン・イノベーションとは「企業内部と外部のアイデアを有機的に結合させ，価値を創造すること」（『OPEN INNOVATION』8ページ）であり，「すべてを自社で開発する」という従来型のクローズド・イノベーション（closed innovation）の対極にある考え方です。ビジネス環境が大きく変化している現代では，従来の手法が通じなくなっています。チェスブロウは「イノベーションをマーケティングするプロセス」が変わりつつあることを主張し，これを「イノベーションのパラダイム・シフト」と呼びました（同書4ページ）。

　オープン・イノベーションの世界では，企業はすべてを自前で開発する必要はありません。自社にない能力は外部に求めればいいのです。優秀な人材も，すべて自社で雇用する必要はありません。社外の適切な人材と連携すればいいのです。また逆に，自社の保有する資源も積極的に

公開し，外部の企業に活用してもらう道を探る必要もあります。「イノベーションの歴史では，テクノロジーの最終的な使用方法は，当初想定された使い道とは大きく異なっているものが多い」のです（同書30ページ）。自社が開発した技術でも，外部の企業の方がもっとうまい使い方を考えつくかもしれません。自社が開発した技術を自社だけで囲い込むよりも，社外にオープンにして多様な企業に活用してもらった方が，結果的に市場が拡大し，自社の利益にもつながるのです。また，同じ理由でチェスブロウは，顧客さえも自社のオープン・イノベーションのプロセスに組み込むべきだと主張しています。顧客とともに価値を生み出すことは「共創」と呼ばれ，現在，イノベーションを生み出すための重要な手法の１つと考えられています。

　前述の通り，オープン・イノベーションが提唱されるに至った背景には，現代のビジネス環境の変化があります。製品のライフサイクルは短命化する傾向にあり，企業は研究開発費を投入して製品を開発しても，その費用を回収する前に，製品が陳腐化してしまうリスクにさらされるようになりました。以前のように，自前ですべてを開発する余力が，企業にはなくなってきているのです。オープン・イノベーションのメリットとしては以下の点が挙げられます。

① 研究開発費が少なくて済む。
② 分担・協力することによって得意分野に特化した研究開発ができる。
③ 開発のスピードアップが図られる。
④ コラボレーションによって，イノベーションのスピードが加速する。

　一方，デメリットとしては，以下の点が挙げられます。

① 協力相手が増えるので，調整が大変になる可能性がある。
② 自社の技術が流出する懸念がある。
③ 権利関係が複雑になり，商業化に障害が生じる場合がある。

　現代のビジネスは生産性の戦いです。多少のデメリットに目をつぶっても，イノベーションを短期間・低費用で起こすことは，現代の企業にとって必須の課題です。企業の目的はイノベーションを起こすことにあるわけですから，外部の力を使えるものはどんどん使う，という考え方が主流になりつつあります。

2．企業ネットワークの有効性

　オープンな企業連携の重要性は，他の分野でも主張されています。例えば，地域経済発展の諸理論があります。それらに共通しているのがネットワークの概念です。これまで企業ネットワークの有効性はさまざまに主張されてきており，その傾向は21世紀に入り特に顕著となっています。先駆けとなったのは，ピオリ＆セーブルによる「柔軟な専門化」の発見です（詳しくは『第2の産業分水嶺』参照）。
　1970年代，二度にわたるオイルショックとその後の構造的不況によって，世界経済は大きく停滞しました。それまで機能していた「規模の経済」と「画一的商品の大量生産」という20世紀型の経済システムは機能不全に陥っていたのです。各国はもはや高い経済成長率は望めず，新たな成長モデルを模索しなければならなくなりました。そのような時，世界の経済学者の間で注目されたのが，柔軟な専門化という新しい生産システムだったのです。
　例えば，中部イタリアには，多くの中小製造業企業が集積しています。彼らは，世界的不況の中でも，独自の多品種少量生産方式を確立して活

況を呈していました。長く経済が低迷したイタリアは1980年代にめざましい経済成長を遂げましたが，それをけん引したのが，これら中部イタリアの中小企業群だったのです。

　さまざまな研究の結果，中部イタリアの中小企業群の成功のカギは「競争と協調による水平的ネットワーク」にあったことが分かっています。彼らは一方では互いに競い合いながら，他方では緊密な協力関係を築いていたのです。そしてそれを可能にしたのが柔軟な専門化と呼ばれる生産体制でした。

　ピオリ＆セーブルによると，柔軟な専門化とは，特化した専門分野において「生産工程を絶えず組み替える能力」のことを指します。中部イタリアの中小企業は，それぞれがニッチな専門分野に特化し，その生産工程を柔軟に組み替える能力を磨いていきました。彼らは経営資源が限られる中で，自社にない技術を融通し合ったり，受注した製品を共同で製作したりしながら，地域内に水平的なネットワークを形成していきました。この「地域的生産システム」によって，大企業を頂点とする下請分業的・垂直的ネットワークに対する，地域内中小企業の水平的ネットワークの優位性が世界的に注目されることになったのです。

　さらに，この水平的ネットワークを強固なものにするために，地域内の同業者組合や専門教育機関，行政が重層的に重要な役割を果たしました。このことは，イノベーションを生み出す「場」として「地域」が重要な役割を果たすことが注目されるきっかけとなりました。

　現代は情報や資本が瞬時に国境を越えます。企業活動はグローバルに展開され，多くの企業がより安い労働力，最適な資本配置を求めて国境を越えていきます。このような時代の経済を考える時，もはや「地域」に注目することは意味がないと主張する経済学者もいます。

　しかし他方で，グローバル時代であってもなお，「地域」は価値創造の源泉として有効だと主張する経済学者もいます。彼らがそう主張する

際の根拠となっているのが，「集積の利益」という概念です。

　「集積の利益」は，近代経済学の父・マーシャルの理論にその源流を見ることができます。ある特定の産業が地理的に集積する時，そこには個々の企業が生み出す価値以上のものが生み出されるというものです。マーシャルは集積の利益を生み出す産業の地理的集中のことを「産地」（industrial district）と呼びました。我が国における鯖江（福井県，メガネ），今治（愛媛県，タオル），燕三条（新潟県，金属食器）などは代表的な「産地」です。

　「産地」においては，互いに競い合うことによる技術の発展，互いに協力することによる技能の継承，そして熟練労働者の潤沢な供給という３つの利益が生み出され，産業の競争優位が持続するとされます。孤立した企業よりもネットワークを形成する企業の方が，高い価値を生み出すことができるのです。

3．クラスター

　マーシャルの産業集積論から出発し，「地理的な近接性 (geographical proximity)」をイノベーションの源泉ととらえたのが，ポーターの「クラスター論」です。第５章で登場した，あの競争戦略論のポーターです。ポーターは競争戦略論から出発し，後に国家の競争優位の源泉，そして地域の競争優位の源泉はどこにあるかという問題意識から，クラスター論を提唱するに至りました。クラスター論は，経済がグローバルに展開する現代において，一時は疑問が呈された「地域」の重要性を現代的な視点から問い直したものであり，「地域」の果たす役割に新たな光を投じたものであると言えます。

　クラスター（cluster）とは，一般的には「ブドウの房」のような「かたまり」という意味があります。プラズマクラスター技術を搭載した空

気清浄機にはブドウの房をかたどったマークがついているのをご存じの人もいるでしょう。また2020年に大きな問題となった新型コロナウイルスの流行では，集団感染のことが「クラスター」と呼ばれました。しかし，ポーターのクラスター論における「クラスター」は専門用語で，一般の用語とは意味が違うことに注意が必要です。

　ポーターによれば，クラスターとは，互いに関連し合う産業や関連機関（大学や業界団体など）が「競争しつつ同時に協力もしているような，地理的集中状態」（『[新版] 競争戦略論Ⅱ』73ページ）のことを指します。ポーターは，グローバルな時代にあってもなお，「地域」こそが企業活動にとって重要な意味を持つということをあらためて主張したのです。

　ポーターのクラスター論の特徴は，関連産業のみならず，地域内の大学・研究機関や行政など，多様な主体が形成する「ネットワーク」に着目したことにあります。マーシャルは産業の地理的集中を「産地」と定義し，「集積の利益」の概念を提唱しましたが，ポーターはそれに加え，関連する多様な主体を取り込むネットワークを形成することが，イノベーションを生み出すカギであると主張したのです。ポーターのクラスター論は発表されるや一躍脚光を浴び，我が国においても2000年代に入ってから数々の「クラスター政策」が推し進められました。

　例えば，私が住んでいる北海道では，経済産業省の「産業クラスター政策」として「IT・バイオ産業クラスター」が，また文部科学省の「知的クラスター創生事業」として道央圏においては「さっぽろバイオクラスター」，道南地域においては「マリン・バイオクラスター」などが遂行されてきました。また2012年に始まった「北海道フード特区事業」も，「生産から加工，流通，販売に至る事業者間の連携の強化・拡大を図り，北海道の優位性のある農水産物およびそれを活かした付加価値の高い食品を創造」することにより食の総合産業化を目指すという点で，

クラスター形成政策の一環として位置づけられています。

　しかしこれらはいずれも，国によるトップダウン方式で進められた，上からのネットワーク形成でした。このように中央政府主導によるトップダウン方式で地域におけるイノベーション創出を政策的に遂行することについては，①政策に地理的偏在がある，②対象産業が限定的かつ重複している，③地域間の競争が促されている反面，競争から落ちていく地域への配慮が欠けているという問題点を指摘している研究者もいます。

　地域経済活性化のためには，地域に立脚したローカルな視点による，下からのネットワーク形成が求められますが，それをどう実現していくか，そのためには何が必要なのかが問われていると言えます。このローカルな視点による下からのネットワーク形成は，これからの企業戦略にとって特に重要なコンセプトになっていくと思われ，また企業が担う社会的責任の一端を表したものであると言えます。ポーターは当初，クラスターを形成するにはどうしたらいいかという問題について，クラスターの誕生は偶然または政策的誘導によって形成されるとしていましたが，後の議論では明確に「企業」がクラスターを形成するとしています。この点については次章で説明します。

４．地域イノベーション・システム

　前節のクラスター論をはじめとして，イノベーションを生み出す「場」としての地域の重要性が指摘される中で，これまで，地域をいかに発展させるかという観点から，地域発展（regional development）の理論が数多く主張されてきました。これまで主張されてきた地域発展の理論としては，地域イノベーション・システム論，学習地域論[1]，イノベー

1　学習地域論については第2章で触れている。

ティブ・ミリュー論等が挙げられます。本節ではこの中から，各国において政策的取り組みが行われている地域イノベーション・システム論を取り上げることにします。

　イノベーション・システム論は当初，国家においてイノベーションが創出されるプロセスを1つのシステムとしてとらえようとする試みとして，1980年代後半に登場しました。イノベーション・システムとは，経済的に有用な新しい知識の創出・普及・利用において相互作用する諸要素，諸関係から構成され，それらが一国の内部に存在する時，「国家イノベーション・システム」として定義されます。イノベーション・システム論の特徴は，イノベーションの創出が単一主体の努力のみによるものではなく，主体間の相互作用の結果によるものであるという認識を示した点にあり，相互作用の重要性が強調されています。

　やがて，それを地域レベルに落とし込んだ概念として地域イノベーション・システム論が登場しました。地域イノベーション・システム論においては，「地域内にイノベーションを生み出すような諸要素のネットワーク」として地域イノベーション・システムを定義した上で，それをどのように構築するかという問題を政策的に追求します。したがって，行政機構や法的制度的環境など，地域のガバナンス構造が地域におけるイノベーションに大きな影響を与えると考えられています（『イノベーションの経済空間』44ページ）。

　また，我が国における地域イノベーション政策は，地域イノベーション・システム論がツールとして用いられていますが，そこでは政府が政策を提供し，地方自治体や大学などがその政策を活用し，大学・公設試・企業が関与する機関間の連携形成型プログラムが重視されていることが指摘されています（『イノベーションの地域経済論』）。

　地域イノベーション・システム論は，地域においていかにイノベーションを生み出すかという問題を政策的に追求するものですので，当然，

政府または自治体の役割が重要になってきます。地域イノベーション・システム構築に果たす政府の役割については，韓国にその典型例を見ることができます。韓国では2004年から，地域産業振興のために産学研連携による地域内ネットワークを形成し，そのネットワークを地域イノベーション・システムとして機能させることを目的とした政策が遂行されました。地域内の水産加工業者をネットワーク化して外部の知的資源と結びつけ，新たなブランドとして飛躍的に売上増を達成した事例や，衰退しつつある伝統産業を大学等の研究機関と結びつけ，地域外の資源も活用しながら新商品開発につなげた事例などがあります。そしてそのどちらも，地方自治体がネットワーク構築に重要な役割を果たしましたが，これは中央政府が全国統一した形でネットワーク形成の手法を規定し，いわば国家的に「制度化」した結果，構築されました。つまり，国家によって「制度化」されたネットワーク構築であったところに，韓国の地域イノベーション・システムの政策的特徴があると言えます。

　このように地域イノベーション・システム論においては，地域内のネットワークをいかに政策的に構築するかを問うことが前提とされています。クラスター論と同じように，求められているのはボトムアップによる形成ですが，これを政策的に達成するのは非常に難しい課題です。韓国においては結局トップダウンによる政策遂行ということになりました。クラスター論と同じように，地域イノベーション・システム論においても，ボトムアップ型のイノベーション・システム形成のためには企業の役割が問われていると言えます。

コラム　　クラスター論と地域イノベーション・システム論の差異

　地域イノベーション・システム論は，地域内ネットワークの構築による
イノベーションの創出を目指す理論であるが，この考え方はポーターのク
ラスター論ととてもよく似ている。地域イノベーション・システム論もク
ラスター論も，同じように地域におけるイノベーション創出を志向した理
論であるが，我が国においてはクラスター政策の影響もあり，「クラス
ター」という語は市民権を得ているが，「地域イノベーション・システム」
という語はあまりなじみがないように見受けられる。この類似した2つの
理論は，地域発展の経済理論としてどのように整理されるべきであろうか。

　クラスターと地域イノベーション・システムとの関係をどのように整理
し，とらえるかという問題は複雑な問題ではあるが，筆者は今のところ以
下のように整理してとらえることにしている。

　クラスターという概念は，マーシャル以来の産業集積論を踏まえつつ，
それを乗り越える形でポーターが新しく提示した概念である。そこでは地
理的な近接性がイノベーションを生み出す「場」としてとらえられ，集積
の外部性を1つの基本概念として理論が組み立てられている。ポーターは
クラスター論において立地の重要性を強調しているが，それはポーターが
マーシャル以来の産業集積論（および立地論・経済地理学）に依拠して
いることと深く関係していると思われる。実際，この点をもって，ポー
ターのクラスター論は伝統的な経済地理学の議論のレベルを超えていな
いという指摘もある（『地域政治経済学』41ページ）。

　一方，イノベーション・システム論は，シュンペーター以来のイノベー
ション理論の流れを汲み，フリーマンをはじめとするネオ・シュンペー
ター学派によってその理論が発展させられてきた。シュンペーターは静態
的市場分析を志向する新古典派経済学に自らを対置し，経済を動態的に

とらえ，かつ進化論の思想をも取り入れながら自らの経済発展理論を展開した。その流れを汲む地域イノベーション・システム論では，地域内でイノベーションが生み出されるメカニズムを各主体の相互作用や相互学習に見出しており，ネットワーク概念が1つの基本概念になっている。したがって地理的な近接性や集積の外部経済，さらには立地の重要性といった概念は，地域イノベーション・システム論においてはあまり重要視されていない。

　このように両者は一見，似たような概念に思えるが，経済理論としては全く別の系譜に属すると言える。もっとも，地域イノベーション・システムの研究者の中には，クラスター論の登場によって地域イノベーション・システム論の側にも新たな潮流が生じたと主張する研究者もおり，現在では，異なる系譜の両者が接続されつつある。また，クラスターを「地域イノベーション・システムの典型例」ととらえる研究も行われており，そこでは，地域イノベーション・システムをクラスターの上位概念に位置づけている。クラスターも関連業界のネットワークという形態を取ることから，クラスターは地域イノベーション・システム構築のための1つの手段としてとらえることができると考えられるのである。

5．ビジネス・エコシステム

　これまで見てきたように，現代のビジネス環境はますます「オープンな連携」の重要性に注目が集まるようになっています。ビジネスの場をオープンな連携の場としてとらえる時に，重要な示唆を与えてくれるのが「ビジネス・エコシステム」の概念です。

　エコシステム（ecosystem）とは「生態系」という意味で，もともとは生物学・生態学の用語です。この概念をビジネス研究に援用したの

がビジネス・エコシステムという考え方です。みなさんも中学校や高校で習ったように，自然界には食物連鎖があります。これがビジネスでいう売買取引に当たります。例えば，部品を製造する企業が自動車メーカーに部品を供給し，自動車メーカーは自動車を組み立て，最終製品として消費者に自動車を売ります。取引の過程を経るたびに製品に付加価値が付けられ，最終的な製品の価値は消費者（最終ユーザー）に与えられます。このような取引構造をバリュー・チェーン型の取引構造と呼びます。確認しておきますと，バリュー・チェーンはポーターが提唱した概念です（第5章参照）。

　ところで，自然界には食物連鎖以外に「共生関係」が存在します。直接的な捕食関係はないが，生きていくためにお互いを必要とする関係のことです。例えば，大きな木が森を作ることによって，日光が遮られて日陰ができ，地面にはコケが生えることができます。この場合，木とコケは捕食関係にはありませんが，コケは木（森）のおかげで生きていくことができ，生物の多様性が維持されていきます。この他にもミツバチと花の関係（花はミツバチに蜜を与える代わりに，ミツバチに受粉をしてもらえる）や，『ファインディング・ニモ』でおなじみのカクレクマノミとイソギンチャクの関係（カクレクマノミはイソギンチャクに隠れることにより，天敵から身を守ることができ，イソギンチャクはカクレクマノミの食べこぼしのえさをもらえる）などが，共生関係の有名な例です。

　ビジネスにおいても，売買関係以外に，互いに補完し合う関係が存在する場合があります。この補完関係がある産業構造のことが，ビジネス・エコシステムと呼ばれています。例えば，ゲーム機とゲームソフトの関係がこれに当たります。ゲーム機メーカーとゲームソフトメーカーは，互いに売買関係はありません。しかし，ゲーム機メーカーがゲーム機を販売するから，ゲームソフトが必要とされます。そして，魅力的な

ゲームソフトがたくさん売り出されれば，ますますゲーム機が売れるということになります[2]。他にも，DVDプレーヤーと映像コンテンツ，スマートフォンとアプリ，映画とロケ地巡りツアーなど，補完関係が存在する産業はたくさんあり，近年，このような事例は増えているように感じます。

　このようにビジネス・エコシステムは，単なるバリュー・チェーン型の構造にとどまらず，売買関係に補完関係を加えた，より大きな枠組みで産業をとらえ直そうとする考え方です。そして近年では，ビジネス・エコシステムがうまく形成されることが，産業の発展の大きなカギを握っていると言われるようになってきています。

　この分野の研究者によれば，ビジネス・エコシステムとは，さまざまな役割を持った，一見関連がなさそうに見える企業が，複雑な補完関係を結ぶことによって形作っている産業構造のことを指します。したがって生物多様性と同じように，そこには実に多様な企業が生きています。そして，さまざまな役割を持った企業が，あたかも1つの秩序（システム）の下に行動しているように見えるのがビジネス・エコシステムの特徴です。

　このビジネス・エコシステムの形成において，重要な役割を担い，近年その存在感を増しているのがプラットフォーム企業です。次節ではプラットフォーム企業について解説します。

6. プラットフォーム企業

　前節では，補完関係にある多様な企業が存在することが，ビジネス・エコシステムを形成する条件の1つであることを説明しました。ビジネ

2　このような効果のことを「ネットワーク効果」と呼ぶ。

ス・エコシステムを形成する要素にはもう１つ，重要な存在があります。それが自然界で「キーストーン種」と呼ばれるものです。自然界には，生態系に非常に重要な影響を与える種があることが分かっており，そのような生物はキーストーン種と呼ばれます。キーストーン種がいなくなると，生態系の他の生物種が絶滅するというようなことが起こるそうです。ビジネス・エコシステムの中にも，キーストーン種のように，影響力が非常に強い企業がいて，これがビジネス・エコシステムを形成するのに重要な役割を担っています。その代表格がプラットフォーム企業と呼ばれる企業です。

　プラットフォームとはもともと「土台」という意味ですが，ビジネスにおけるプラットフォームは「他のプレイヤー（企業，消費者など）が提供する製品・サービス・情報と一体になって，初めて価値を持つ製品・サービス」（『プラットフォームの教科書』17ページ）という意味です。つまり，それ単独で機能を発揮するのではなく，何か他のものの存在や利用を前提にしているところに特徴があります。もうお気づきと思いますが，この「何か他のもの」が補完製品です。

　プラットフォーム企業の代表と言えば，やはりGAFA[3]でしょう。アップルを例に取ると，確かにiPhoneは優れた製品ですが，iPhoneの価値をより高めているのは，アプリであり，iTunesであり，iBookであると考えられます。iPhoneという土台の上で，おびただしい数のアプリ開発者，音楽コンテンツ制作者，書籍発行者が，ダウンロードして，あるいは同期して，さまざまなコンテンツをいつでもどこでもワンストップで楽しめるという価値を提供しています。彼らは１つのビジネス・エコシステムを形成しているのです。そしてそれはアップルというキーストーン種があったからこそ形成されたと言えます。

3　Google, Amazon, Facebook, Appleのこと。それぞれの頭文字を取っている。

プラットフォーム企業は，非常に速いスピードで成長し，しばしば"1人勝ち"の状態になります。いったん，プラットフォームが提供されると，そこには外部のさまざまなアクター（補完企業）が集い，エコシステムを形成していきます。より多くのアクターが参加すれば，そのエコシステムはますます価値を高めていきます。したがって，先に多くのアクターを集め，大きなエコシステムを形成したプラットフォーム企業が勝利を収めることができるのです。

　そのためにプラットフォーム企業は，より多くのアクターを集めるために，自らの持つ資源をオープンにし，誰でも参加できるような体制を構築しています。ここでも「オープン」ということがキーワードになっています。アマゾンは，当初は単なる「ネット小売業者」でしたが，後に自社のシステムを外部に公開するようになりました。自前では通販サイトを運営する能力のない中小企業に参加してもらうことにより，現在ではほぼ無限とも言える品ぞろえを実現しています。アマゾンのサイトに行けば，ワンストップで何でも買える（しかも非常に使い勝手がいい）状態を構築しているのです。

　プラットフォーム企業がこのような"1人勝ち"を実現できる要因として，産業構造がバリュー・チェーン型ではなく，レイヤー型になっていることが指摘されています（図表11-1）。プラットフォームという土台はそのままに，その上では，さまざまなアクターが出入りを繰り返し，常に新陳代謝が起こり，独自の活動を行っているのです。そしてこのレイヤー型の産業構造が1つの強力なエコシステムとして機能していると考えられるのです。

図表11－1　レイヤー構造

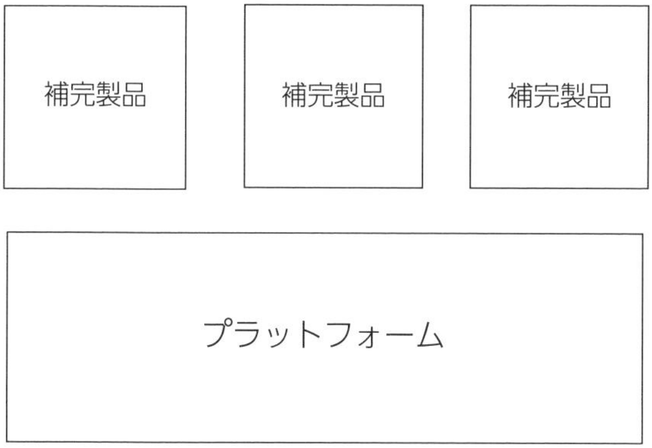

（出所）『プラットフォームの教科書』33ページ

第11章　参考文献

ヘンリー・チェスブロウ著／大前恵一朗訳（2004）『OPEN INNOVATION』産業能率大学出版部。

中村剛治郎（2004）『地域政治経済学』有斐閣。

根来龍之（2017）『プラットフォームの教科書』日経BP社。

野澤一博（2012）『イノベーションの地域経済論』ナカニシヤ出版。

マイケル・J・ピオリ，チャールズ・F・セーブル著／山之内靖，永易浩一，菅山あつみ訳（2016）『第2の産業分水嶺』筑摩書房。

マイケル・E・ポーター著／竹内弘高監訳，DIAMONDハーバード・ビジネス・レビュー編集部訳（2018）『［新版］競争戦略論Ⅱ』ダイヤモンド社。

水野真彦（2011）『イノベーションの経済空間』京都大学学術出版会。

第12章

地球市民としての企業経営

　企業は何のために存在するのか。この問いはビジネスに携わる者すべてが考えていかなければならない，永遠の課題だと言えます。現在，私たちの社会はさまざまな問題を抱えています。中には気候変動など，地球規模の環境問題もあります。そのような状況の中，企業の目的は利益を上げ，株主価値を高めることであるという従来の考え方も見直しを迫られています。現代の企業には，地球市民の一員として山積する問題に対応する責任が問われているのです。

1. 行き過ぎた資本主義と企業の責任

　今，私たちは「資本主義」の中で生きています。第二次世界大戦後，1980年代まで続いた東西冷戦は，資本主義対社会主義の対立として認識されています。ソ連の崩壊を機に，東側の体制である社会主義は一部を除き消滅しました。私たちは資本主義が冷戦に勝利したと一般に考えています。しかし，そのことは必ずしも，資本主義が最善の体制であることを意味するものではありません。

　私たちはさまざまな場面で，「資本主義の矛盾」とでも呼ぶべきものを目の当たりにしています。私たち一般市民の手の及ばぬところで巨大ヘッジ・ファンドが投機行為を行ったり，サブプライムローン危機に代表されるような金融変動を引き起こしたりしています。また，特にアメリカで，企業が赤字であるにもかかわらず法外な報酬を受け取る経営者がいる一方，従業員はリストラをされ，失業者が増加する事態も起きています。このような資本主義の矛盾は近年，ますます顕著になってきているように感じます。実際，我が国においても所得格差は拡大していると言われています。

　このような資本主義の矛盾に対し，多くの経済学者が，このままではだめだと声を上げています。例えばガルブレイスは，すでに1967年に『新しい産業国家』の中で，現代の資本主義は，実際は大企業が支配する体制であり，消費者や中小企業はかやの外に置かれていることを指摘しています。

　また2001年にノーベル経済学賞を受賞したスティグリッツも『スティグリッツ　PROGRESSIVE CAPITALISM』の中で，資本主義の自由市場体制が実際には機能しておらず，ごくわずかな企業が権力を握り，実際にはほとんど競争が行われていないことを指摘しています。そして

それとは対照的に，大多数の国民が低収入でぎりぎりの生活をしていると述べています（同書61ページ）。

あるNGO（Non-Governmental Organization：非政府組織）の試算によると，世界で1年間に生み出された富のうち82％を，世界で最も豊かな上位1％が独占し，経済的に恵まれない下から半分（37億人）の人々は，財産が増えていないそうです（朝日新聞電子版2018年1月22日）。

また若い方々は，世代間の格差も感じていることでしょう。少子高齢化の影響により，若い世代の将来の負担はかなり大きいものになることが予想されます。その一方で，賃金はなかなか上がりません。

このような矛盾に満ちた資本主義社会の中で，弱者に手を差し伸べ，いかによりよい体制を実現できるのかが，現代に生きる私たちに突き付けられている課題であると言えます。

このような課題に答えようと，ミンツバーグは「多元セクター」という概念を提唱しています（『私たちはどこまで資本主義に従うのか』）。社会の矛盾を解消し，バランスを保つためには，政府・企業に続く第3の柱が必要で，ミンツバーグはそれを「多元セクター」と呼びました。社会がバランスを保つためには，これら3つすべてが力を持つことが必要で，多元セクターが政府および企業と対等の地位を占めれば，現代社会に欠けている社会のバランスを取り戻すことができるとしています（同書57-59ページ）。

ミンツバーグの主張する多元セクターとは，その言葉の通り「多元」な主体から構成されるセクターです。協同組合，NGO，労働組合，大学，病院，社会的企業など，文字通り多元な主体が関わる第3の柱を築くことによって，社会矛盾を解決し，社会のバランスを取り戻し，弱者に手を差し伸べられる社会を築くことができると，ミンツバーグは主張しているのです。

ミンツバーグの主張は，後に述べるサードセクター論や社会的連帯経済と同じ文脈でとらえることができます。また，多元な主体の参加を主張している点で，これも後に述べるコレクティブ・インパクトの議論とも通じるところがあります。いずれにしろ，現代の資本主義社会は何かがおかしいと感じている人は多いはずです。社会的課題の解決は，社会のあらゆるところで求められています。もちろん，企業もその中に含まれます。次節ではまず，企業による社会的課題の解決を目指すCSVの概念を紹介します。

2. CSV

　競争優位とイノベーションの源泉としてクラスターの有効性を主張したポーターは2011年，新たにクラマーと共著で論文「共通価値の戦略（Creating Shared Value：CSV）」を発表し，CSVという概念を提唱しました。

　本節では，CSVの考え方を紹介します。

　ポーターはこの論文で，企業が営利活動を行うことは社会にとって悪なのか，という問題意識から出発します。ポーターによれば，現代社会ではあたかも企業が営利活動を行うことは悪であり，企業は自らが悪影響を及ぼしている社会に，何らかの償いをしなければならないという風潮がまかり通っています。企業活動が社会に悪影響を及ぼしているという不当な評価を受けている状態を，ポーターは「資本主義の危機」（同論文9ページ）と表現していますが，本来，企業は企業活動によって何らかの有用な価値を創出し，その結果社会は豊かになるはずです。しかし企業活動と社会的価値の創出はトレードオフの関係にあるという誤った認識の下，現代社会では企業活動の価値が不当に貶められているというのがポーターの基本的認識です。その結果，企業はCSRやフィランソ

ロピーに代表される社会貢献活動を行うことで，一種の罪滅ぼしを行い，社会における存在意義を示そうとしますが，CSRやフィランソロピーは，企業が稼いだ利益を社会に還元するという発想であり，新たに価値を生み出す活動とは言えません。つまりCSRやフィランソロピーは社会的価値を生み出す活動ではなく，企業の利益を単に「分配」しているに過ぎないのです。したがって企業活動における利益の創出と社会的価値の創出はトレードオフの関係になっています。このような立場に立つ限り，社会的価値の創出は企業活動の目的とはなりえません。そうではなく，本来企業が行わなければならないことは価値の創出であるはずです。そこでポーターは，企業価値と社会的価値を再結合するために「共通価値（shared value）」の概念を提唱しました。すなわち，社会のニーズや問題に事業活動として取り組むことで社会的価値を創造し，その結果，経済的価値が創造されるというアプローチです（同論文10ページ）。

　これがポーターの主張するCSV です。ポーターの主張するCSVは，CSRやフィランソロピーというこれまでの社会貢献活動のコンセプトを真っ向から否定し（『CSV経営戦略』4ページ），「資本主義（筆者注：企業の営利活動）の復権」を狙った新しい経営モデル（同書5ページ）として打ち出されたものであると言えます。

　続いてポーターは，CSVを実現するための方策として以下の3つを提示します。

① 製品と市場を見直す。
② バリュー・チェーンの生産性を再定義する。
③ 企業が拠点を置く地域を支援する産業クラスターをつくる。

以下，これらを順に見ていきます。

① 製品と市場を見直す

　ポーターは，共通価値の創造のためには「自社製品によって解決できる，またはその可能性がある社会的ニーズや便益，および害悪を明らかにすべき」（「共通価値の戦略」16ページ）であると主張し，企業は「既存市場において差別化とリポジショニングのチャンスを見出し，またこれまで見逃していた新市場の可能性に気づくことができる」としています（同論文16ページ）。つまり，社会的課題の解決を企業活動によって達成することにより，新たな市場で競争優位を得ることができると主張しているのです。事例として，デジタル技術を活用して電力消費削減を提案しているインテルとIBM，環境と経済を両立させ，持続可能な社会を実現するためのGEの「エコマジネーション」プログラム，貧困層向けの決済サービスを提供するケニアのM-PESA，インドの低所得農民層に格安の情報サービスを提供するトムソン・ロイターの事例などが挙げられています。

② バリュー・チェーンの生産性を再定義する

　ポーターは，企業のバリュー・チェーンの生産性を向上させることによって，共通価値を創造する機会にすべきであるという主張を展開します。ポーターは「企業が共通価値の観点から社会問題に取り組み，そのための新しい方法を発明した時」（「共通価値の戦略」16-17ページ）にシナジーが高まるとしています。事例として，包装形態とトラックの配送ルートの見直しによって，納入数量が増えたにもかかわらず，コスト削減を実現したウォルマート，ロジスティックスを再設計したことで大幅なコスト削減とCO_2削減を実現したイギリスのマークス・アンド・スペンサー，中南米のコーヒー農家に農法に関するアドバイスを提供したり銀行融資を保証したり，苗木，農薬，肥料などの必要資材の確保を

支援するなどしたりしてコーヒー農家と密な関係を作り，ヒット商品「ネスプレッソ」用の特殊なコーヒー豆の安定供給とコーヒー農家の経営改善を同時に実現したネスレの事例などが挙げられています。

③　企業が拠点を置く地域を支援する産業クラスターをつくる

　ポーターは，CSVを実現するために，企業にはクラスターを形成することが求められるとしています。前章で，クラスターの形成は日本をはじめ各国で政策的に進められてきたことを述べました。国家および地域のイノベーション能力を増進し，発展につなげていくためには，いかに効果的にクラスターを形成するかが政策的に大きな課題として取り上げられました。ポーターは以前，クラスターの形成は偶然あるいは歴史的経緯に由来するという立場を取っていましたが，CSVを提唱するに至って，クラスターは企業が形成するべきであると明確に主張するようになりました。前述のネスレの例では，コーヒー豆栽培地の生産効率と品質を後押しするために，現地に農業，技術，金融，ロジスティックス関連の企業やプロジェクトを立ち上げることにより，コーヒー産業クラスターの形成に取り組んでいる事例が紹介されています。そしてこのクラスターの形成の結果，同社の新しい調達方法が大きな成果を収めているとされているのです。

　以上がポーターの主張するCSV概念とその実現のための方策です。ポーターのCSV理論は，「社会課題を解決することによって，社会価値と経済価値の両方を創造する次世代の経営モデル」（『CSV経営戦略』4ページ）としての意義があると言えます。「カジノ資本主義」とも言われるマネーゲームや投機の過熱，持続可能性を無視した無理な成長至上主義など，行き過ぎた資本主義の「暴走」の結果，世界には「企業が営利行為を行うことは悪である」という風潮が広まることになりました。

トマ・ピケティの『21世紀の資本』がベストセラーになったのも，後に述べるサードセクター論や社会的企業論が登場したのも，行き過ぎた資本主義への批判がその背景にあります。そして第1節で述べたように，ガルブレイスやスティグリッツ，ミンツバーグなど多くの経済学者・経営学者が，この行き過ぎた資本主義に警鐘を鳴らし，批判しています。

それに対しポーターは，あくまでも資本主義の枠の中で，新たな価値創造のフレームワークを提示しました。企業は本業による社会課題を解決する事業を展開することによって，次世代の競争優位を勝ち取ることができるという，ポーターの「資本主義復権論」であると言えるのです（『CSV経営戦略』5ページ）。

CSVは現在，多くの企業によってその考え方が取り入れられ，企業の社会的責任遂行のフレームワークとして活用されています。日本ではキリンホールディングスや三菱UFJフィナンシャルグループが比較的早く企業活動に取り入れています。

3．社会的連帯経済と社会的企業〈1〉

前節までは，企業が本業の事業活動を通して社会的課題の解決に貢献する道を探るCSVの概念について述べてきました。ところで，社会的課題の解決と企業活動との関係を考える時，「社会的企業」の議論の内容も確認しておく必要があります。

「社会的企業」の概念は19世紀フランスに起源を持つ「サードセクター論」と，それに続く「社会的経済論」がその源流です。サードセクターとはその名の通り，従来の民間セクターや公的セクターでは解決できなかった分野のニーズを満足する，第3の新しい企業体[1]として登場

1　日本では半官半民，あるいは官民共同出資の企業体のことを「第3セクター」と呼ぶが，それとは全く違う概念である。

して来たもので，そのようなミッションを担う企業体のことが社会的経済と呼ばれていました。

　フランスにおいて社会的経済とは，具体的には協同組合，共済組合，アソシエーションを指す言葉ですが，これらは19世紀前半にすでにアソシエーション主義的（市民主義的であり，基本的に社会的・政治的である）組織として登場していました（『社会的企業』133ページ）。

　19世紀においてその概念的萌芽が見られる社会的経済ですが，これら営利の制限が規定された諸組織（協同組合，共済組合，アソシエーション）が，再度，新たな経済活動の担い手として注目を集めるようになったのは1970年代においてであり，それが「サードセクター」という概念です。

　156ページで述べたように，1970年代という時代は，二度にわたるオイルショックとその後の世界的構造不況によって，それまで機能していた「規模の経済」と「画一的商品の大量生産」という20世紀型の経済システムが機能不全に陥った時代でした。そして成長の行き詰まりが指摘される中で，20世紀型経済システムの終焉とその後のあり方をめぐる議論が活発になされるようになりました。1970年代という時代は，現代へと続く資本主義の歴史の大きな転換点であったわけですが，20世紀型経済システムの限界を認識し，新たな議論の契機となったという意味で，経済学史的にも現代史的にも象徴的な時代であったと言えます。

　サードセクター論もまた，1970年代の世界的不況を契機に生じた議論です。

　高い成長を望めなくなった先進諸国では，政府が福祉機能を財政的に担うことができなくなりました。従来型の福祉国家が行き詰まる中で，政府に代わってその役割を担う（公的セクターでも民間セクターでもない）第3の経済活動である「サードセクター」が注目されるようになったわけです。前述の通りサードセクター概念の源流はすでに19世紀に

見られたわけですが,「サードセクター」という概念が明確な形で登場したのが1970年代のフランスにおいてであったのです。

　サードセクターは公的セクターでも民間営利セクターでもないオルタナティブなセクターですが,この概念は以後,研究アプローチの違いからアメリカと欧州で異なる経路をたどって発展することになります。

　アメリカにおいては,サードセクター論研究は,ジョンズ・ホプキンズ大学を中心に進められ,主に非営利組織(NPO)アプローチによって発展しました。このアプローチによれば,サードセクターと呼べる組織は利潤分配を禁止する純粋な意味での非営利組織のみとなります。これによってアメリカにおいては,協同組合等の組織が,社会的活動を担っているにもかかわらず,利潤分配を行っているという理由でサードセクター概念およびその研究対象から排除されることになりました。

　一方,フランスを中心とする欧州で取られた研究アプローチが,社会的経済アプローチであり,サードセクターによって実行される諸活動を,社会的経済という概念の下に包含しました(同書10ページ)。その特徴としては,法人規定と規範的・倫理的規定の両面によって社会的経済を規定するという点が挙げられます。次節ではこれらについて解説していきます。

4．社会的連帯経済と社会的企業〈2〉

　社会的経済の法人規定は,社会的経済を協同組合,共済組合,アソシエーションという法人形態を持つサードセクター組織として規定するというものです。したがって社会的経済は協同組合,共済組合,アソシエーションが該当する組織形態として想定されています。そしてもう一方の規範的・倫理的規定ですが,こちらは社会的経済をその組織目的から規定するものです。①利潤を生むことよりもメンバーやコミュニティ

への貢献を目的とする，②管理の自律と民主的運営がなされる，③所得分配に際しては資本より人間を優先するという３点を原則に置いて運営がなされる組織が，社会的経済として規定されます。

　欧州ではこのようなアプローチのもと，協同組合，共済組合，アソシエーションを中心とした社会的経済論が発展してきたわけです。しかし，やがて社会的経済という概念では把握できない，新しいタイプのサードセクターが登場しました。これらの組織は，民間，公的セクターでは解決できなかった分野のニーズを満足する（社会的経済以外の）新しい企業体としての特徴を持っています。活動領域としては，労働市場から排除された人々を訓練し，雇用に再統合する活動や，急速に発展している対人サービス活動などがあります（『社会的企業』30ページ）。具体的には，児童・子供を預かる運動，家庭的困難を抱えた子供たちの支援，在宅介護，コミュニティ開発，麻薬中毒患者，囚人等の社会復帰支援活動など多岐にわたりますが，これら社会的活動を担う新たなタイプの企業家（起業家）が登場して来たわけです。そして従来の社会的経済のカテゴリーには収まらないこれらの企業体を指して，「社会的企業」という呼称が使われるようになりました。近年，我が国でも，意欲のある若者を中心に社会的課題の解決を目指した社会的企業の設立が相次いでいます。彼らは「社会起業家」と呼ばれ，その存在は重要性を増しています。

　一方，1980年代に入り「連帯経済」という概念が登場するようになりました。連帯経済は学童保育，高齢者介護など，地域住民の日常生活に関わるさまざまなサービスを提供する自発的な活動である「近隣サービス」の実践の中から生み出され，「互酬性」を運動の基本原理に置いているとされています。

　社会的経済がその法人規定から，協同組合，共済組合，アソシエーションの形を取る組織を主に指すのに対し，連帯経済は，「互酬性・市

場・再分配の諸原理を結合する経済」です。つまり社会的経済が「もう一つの企業のあり方」を問うものであるならば，連帯経済は「もう一つの経済のあり方」を問うものとされています。したがってフェアトレードのような活動も，純粋な市場経済に還元できるものではないので，連帯経済の範疇に入るものと思われます[2]。

　しかし2000年ごろからは２つの用語は分離されずに使われるようになり，現在では「社会的連帯経済」という用語が一般的になっています。

　社会的企業は，社会的課題（社会的弱者の救済や児童福祉など）の解決を担うことを企業としてのミッションとして持っており，そのコンセプトはポーターの提唱するCSVと共通する部分もあります。しかし社会的企業は，組織形態は「企業」となっていますが，運営においては非営利性と民主制が原理として強調されています。これに対しポーターのCSVは，社会的課題の解決を「競争優位の源泉となる市場創造の手段」ととらえており，あくまで資本主義における「営利企業」のあり方としての議論となっています。したがって社会的企業とCSVは，「社会的課題の解決」を企業として目指すという目的においては一致しているものの，その本質的な性格は全く異なるものであると言えます。

　一方，我が国では経済産業省が「ソーシャルビジネス」概念を提唱し，支援・育成を行っています。ソーシャルビジネスにおいては，特に「事業性」（ビジネスとして成り立つこと）が求められていますが，その意味では，我が国のソーシャルビジネス政策が求めるものはCSVと共通する部分が多いと言えます。

2　ポーターはフェアトレードには極めて否定的な立場を取っている。フェアトレードは市場原理に基づかない，単なる「再分配」の仕組みであり，創造された価値を拡大するものではないと述べている（「共通価値の戦略」12-13ページ）。

5．SDGs——地球市民としての企業

　CSV，社会的経済，ソーシャルビジネス——これらの概念に共通する視点は，企業は自社の利益のみを考えるのではなく，広く社会全体の利益を考えた行動を取らなければならないということです。

　この流れは全世界的なもので，2015年には国連サミットによって「持続可能な開発のための2030アジェンダ」が策定されています。これは2030年までに持続可能な世界を実現するために，17のゴール（目標）を設定したもので，「SDGs（Sustainable Development Goals：持続可能な開発目標）」と呼ばれています。SDGsについては国連のホームページの他，外務省や経済産業省等の省庁のホームページにも掲載されていますが，17の目標を下記に挙げておきます。

1	貧困をなくそう	10	人や国の不平等をなくそう
2	飢餓をゼロに	11	住み続けられるまちづくりを
3	すべての人に健康と福祉を	12	つくる責任　つかう責任
4	質の高い教育をみんなに	13	気候変動に具体的な対策を
5	ジェンダー平等を実現しよう	14	海の豊かさを守ろう
6	安全な水とトイレを世界中に	15	陸の豊かさも守ろう
7	エネルギーをみんなに そしてクリーンに	16	平和と公正をすべての人に
8	働きがいも経済成長も	17	パートナーシップで目標を達成しよう
9	産業と技術革新の基盤をつくろう		

　大手コンサルティング企業のデロイトトーマツは，SDGsに対応するために企業は従来の社会貢献活動のアプローチを改める必要があるとしています。つまり，バリュー・チェーン全体における自社活動の社会・環境インパクトを総点検すること，そしてコアビジネスそのものをSDGsの達成に沿ったものに作り替えることが，経営戦略上の課題とし

て不可欠であると主張しています。

　企業の社会的責任について，これまでさまざまな枠組みが提示されてきましたが，SDGsというグローバルスタンダードが設定されたことにより，すべての企業が同一の基準によってその活動を評価される時代になりました。時代の要請に応え，企業のあるべき姿を変革していくことは，今やすべての企業の課題となっています。

　デロイトトーマツは，SDGsと自社の強み・弱み，そしてそれぞれの分野におけるグローバル・トレンドを研究してこれに同期していくことが，企業が勝ち残るための条件であるとしています。SDGsを理解してビジネスの中心に位置づけ，企業価値を高めるためにSDGsを「使いこなす」ことが求められているというわけです。

　例えば大手飲料企業の中には，ペットボトルの再生技術を独自に開発し，CO_2の排出量を従来から大幅に削減し，かつ低コストを実現した容器の開発に成功したところもあります。また，紙製の梱包材を「森林認証」のあるものに全面的に切り替える取り組みを進めている企業もあります。

　大手企業がこのような取り組みに力を入れている現在，それに連なる関連業界も対応が迫られています。つまり，企業規模の大小や扱い商品の種類にかかわらず，社会に携わるすべての者が，SDGsを意識した企業活動や行動を作り上げていかなければならないのです。これからは前節で述べた「社会的企業」の役割と出番がますます増えていくように思えます。

　社会的企業として活動する企業は中小企業が多いと思われます。中小企業の場合，1社で大手企業と同じような活動を行うのは難しいでしょう。しかし組合などの団体をベースに，あるいは企業連携・ネットワークを介して，少しでもSDGsを経営戦略の中に組み込んでいくことが求められます。前章から述べているオープン・イノベーションや企業連携は，現代に

おいてこそ重要性を増してきています。これからの企業には，SDGsを意識した「地球市民」として行動することが求められているのです。

コラム　ESG投資が迫る企業変革

　近年，SDGsと並んで注目されているキーワードにESG投資がある。ESGとはEnvironment（環境），Social（社会），Governance（企業統治）の頭文字を取ったものである。現代の企業には，単に自社の利益追求（株主価値の向上）のみならず，環境問題への対応，社会問題への対応，および公正な企業統治の確立が求められており，これらの問題に取り組んでいるかどうかで企業を評価しようという世界的な動きが起きているのである。

　経済産業省によると，ESG投資は，従来の財務情報だけでなく，環境・社会・ガバナンスの各要素も考慮した投資のことを指す。特に機関投資家を中心に，企業経営のサステナビリティを評価するという概念が普及し，気候変動などを念頭に置いた長期的なリスクマネジメントや，企業の新たな収益創出の機会を評価するものとして，SDGsと合わせて注目されているとされる。

　ESG投資の元となった考え方が，国連によって示された「国連責任投資原則（Principles for Responsible Investment：PRI）である。PRIは，現代においてはESG課題が重要であるという認識に立ち，これらの課題を組み込むことが，顧客と受益者に対する投資家の受託者責任の一部であるという立場に立って，以下の6つの責任投資原則を掲げている。

1．私たちは投資分析と意思決定のプロセスにESG課題を組み込みます。
2．私たちは活動的な所有者となり，所有方針と所有習慣に ESG問題を組入れます。

3. 私たちは，投資対象の企業に対してESG課題についての適切な開示を求めます。
4. 私たちは，資産運用業界において本原則が受け入れられ，実行に移されるよう働きかけを行います。
5. 私たちは，本原則を実行する際の効果を高めるために，協働します。
6. 私たちは，本原則の実行に関する活動状況や進捗状況に関して報告します。

　我が国においても，年金積立金管理運用独立行政法人（GPIF）が2015年にPRIに署名したことを受け，ESG投資の動きが広がっている。企業が財務情報に加え，ESG分野などの非財務情報を含んだ「統合報告書」を発行する動きは年々加速し，2019年には500社を超えた（日本経済新聞電子版2020年2月17日）。ESGを基準とした投資家による企業の選別は今後も加速するものと思われる。

　企業は多様なステークホルダーの利害や社会的要請からは無縁でいられない。社会的課題から目を背けている企業は，世界中の投資家からそっぽを向かれる時代になっているのである。企業には，環境問題や社会問題への対応と，透明なガバナンスを確立する責務がある。まさに，地球市民としての行動が求められているのである。

6．コレクティブ・インパクト

　多くの社会起業家が，社会的課題の解決を目指して社会的企業を設立しているのはこれまで述べた通りですが，社会的企業のような小さな企業が，SDGsのような大きな社会的課題の解決に取り組む時，有用な視点を与えてくれる概念に「コレクティブ・インパクト」があります。

　2011年，アメリカのスタンフォード大学が発行する『Stanford Social Innovation Review』にカニア＆クラマーによる「Collective Impact」という論文が掲載されました。お気づきの方もいると思いますが，クラマーはポーターとの共著で「共通価値の戦略（CSV）」を発表しています（第2節参照）。そして「共通価値の戦略」と同じ2011年にこの論文は発表されています。（なお，「Social Innovation」は日本語に訳すと「社会イノベーション」ということになります。社会イノベーションとは何かについてはいろいろ論点がありますが，ここでは「社会的課題を解決して社会を変革すること」という理解でいいと思います）。

　コレクティブ・インパクトの「コレクティブ」とは「集合的」または「集団的」という意味です。「集団で社会にインパクトを与えること」といった解釈になるでしょうか。

　カニア＆クラマーの定義によれば，コレクティブ・インパクトとは，「社会的課題の解決にあたり，さまざまな分野のアクターが共通のアジェンダの下に集まり，主体的に活動を行うこと」を指します。現在，解決が求められている社会的課題のテーマは，貧困，環境，差別，格差社会など，国家的かつ地球規模のものがほとんどです。このような課題の解決は，企業・団体や個人が単独で活動できる範囲を超えています。そこで，政府，NGO，企業，地域社会が協働することにより，社会変革を実現していこうという考えがコレクティブ・インパクトの考え方です。この考え方は，ミンツバーグが提唱する多元セクターの概念とも通じるものがあります。

　クラマーは，ポーターと共著でCSVを提唱していますが，CSVの実現のためにはクラスターを形成することが必要です（第2節参照）。しかしクラスターの形成は企業単独で実現するのは困難です。そこで，コレクティブ・インパクトを通じて，社会のさまざまなアクターと協働したビジネス・エコシステムを形成することが必要とされるのです。コレ

クティブ・インパクトは個別の努力の限界を超えて，企業を含めた多数のプレーヤー間の協働によって社会イノベーションを起こそうという新しいアプローチであると，近年注目されています（「コレクティブ・インパクト実践論」17ページ）。

　コレクティブ・インパクトを実現するためには次の5つの要素が必要であるとされています。なお，後にクラマーは，フィッツァーと共著で「「コレクティブ・インパクト」を実現する5つの要素」という論文を発表しています（『DIAMONDハーバード・ビジネス・レビュー』2017年2月号所収）。そこでも同じ主張が述べられています。

① **共通のアジェンダ**：すべての参加者が社会変革のために，ビジョンを共有する必要があります。参加者は必ずしも活動目的が同じとは限りません。しかし，コレクティブ・インパクト実現のためには，違いを超えて，共通の目的を設定する必要があります。

② **共通の評価システム**：ビジョンが共有された後は，活動が目的に沿って行われているか，互いに評価するシステムが必要となります。

③ **相互に補強し合う活動**：コレクティブ・インパクトはさまざまな分野のアクターが協働します。したがって，異分野のアクターの活動が，それぞれのアクターの活動を補強し合う関係を作ることが大切です。

④ **定期的なコミュニケーション**：それぞれのアクターがそれぞれの得意分野で活動するわけですが，コレクティブ・インパクト全体の共通の目標を調整するためにも，定期的なコミュニケーションが必要となります。

⑤ **活動に特化した「支柱」となるサポート**：コレクティブ・インパクトの実現には，当然，資金面の手当ても必要になります。技術

的な支援も必要になる場合もあるでしょう。これらの支援活動は，独立したスタッフによって運営される必要があります。

第12章　参考文献

井上英之（2019）「コレクティブ・インパクト実践論」『DIAMONDハーバード・ビジネス・レビュー』2019年2月号所収，ダイヤモンド社。

ジョン・ケネス・ガルブレイス著／石川通達，鈴木哲太郎，宮崎勇訳（1968）『新しい産業国家』河出書房新社。

マーク・R・クラマー，マーク・W・フィッツァー著／辻仁子訳（2017）「「コレクティブ・インパクト」を実現する5つの要素」『DIAMONDハーバード・ビジネス・レビュー』2017年2月号所収，ダイヤモンド社。

ジョセフ・E・スティグリッツ著／山田美明訳(2020)『スティグリッツ　PROGRESSIVE CAPITALISM』東洋経済新報社。

名和高司（2015）『CSV経営戦略』東洋経済新報社。

トマ・ピケティ著／山形浩生，守岡桜，森本正史訳（2014）『21世紀の資本』みすず書房

マイケル・E・ポーター，マーク・R・クラマー著／DIAMONDハーバード・ビジネス・レビュー編集部訳（2011）「共通価値の戦略」『DIAMONDハーバード・ビジネス・レビュー』2011年6月号所収，ダイヤモンド社。

C・ボルザガ，J・ドゥフルニ編／内山哲郎，石塚秀雄，柳沢敏勝訳（2004）『社会的企業』日本経済評論社。

ヘンリー・ミンツバーグ著／池村千秋訳（2015）『私たちはどこまで資本主義に従うのか』ダイヤモンド社。

第13章

経営戦略を考える
ための事例集

　本章では，これまで学んできたフレームワークを実際の企業の事例に当てはめ，経営戦略の実際を考えてみることを試みたいと思います。その際，気を付けなければならないのは，実際の企業経営はさまざまな要素が複合的に絡み合っているため，フレームワークがそのままきれいに当てはまる例はまれであるということです。フレームワークはあくまで「考える引き出し」であり，大切なことは，それぞれの事例において，どのようなことが見出されるか，それをどう解釈するか「考える」ということです。

　このことを理解した上で，以下の事例研究を読んでいただきたいと思います。また，この事例研究はあくまで私が考えたものですので，みなさんにはみなさん独自の見方があっていいわけです。「自分ならこう考える」という視点を持って読んでいただければありがたいです。

1．食品容器卸売業

　コンビニやスーパー，デパ地下などで売られている総菜や弁当は，写真のようなプラスチックの容器に入っています。食品容器卸売業は，このようなプラスチック製の食品容器をメーカーから仕入れ，食品製造業者や飲食店に販売しています。

食品容器に入った弁当（筆者撮影）

　卸売業は商品を仕入れてそのまま販売（転売）するので，原則的にはその商品自体に付加価値を付けることはありません。卸売業の戦略は，その業務をどう考えるかによって異なってきます。もし卸売業の事業を「バリュー・チェーン型」と考えるなら，売り上げを上げるためには，いかに他社よりも安くできるか，という競争を考えることになります。食品容器はどこにでもある商品です。商品自体はメーカーが製造しているので，誰でも売ることができます。顧客はどこからでも仕入れることができるので，より安く売ってくれる業者から仕入れようとします。このように，その商品がどこにでもあり，どこからでも買える，したがって競争要因は価格のみとなっている商品のことを「コモディティ」と言い，そのような状態になることを「コモディティ化」と呼びます。食品容器は典型的なコモディティ化した商品です[1]。バリュー・チェーン型の考え方を取っている限り，いかに物流コストや業務コストを抑え，価

格を安くできるかということが競争の要因になってしまいます。ポーターの３つの基本戦略で言うとコスト・リーダーシップ戦略になりますが，この戦略は際限のない値下げ競争に巻き込まれてしまうというリスクがあります。食品容器卸売業は圧倒的に中小企業が多いのですが，中小企業はそのような戦略を取ることは極めて難しいです。ランチェスター戦略を思い出していただければ分かると思います。

　そこで食品容器卸売業者は，別の戦略を立てることになります。商品自体に付加価値を付けられない中で，価格以外の要素で顧客に価値を認めてもらい，食品容器を売るためにはどうしたらいいでしょうか。

　ある食品容器卸売業の社長は，このように考えています。「食品容器の売り上げを伸ばすためには，食品容器の需要そのものを増やせばよい。食品容器の需要を増やすにはどうしたらいいだろうか」。そこでこの社長は，食品容器を使ってくれている顧客の商品を宣伝するサイトを作ったり，観光協会とタイアップしてフードイベントを企画したりして，それを顧客に売り込んでいます。その社長は言います。「自社と顧客の"共通の利益"を考えることが商売の基本ではないでしょうか。食品が売れる機会を作るということは，自社と顧客の共通の利益なのです」。

　私はこの社長の話を聞いて，戦略的に考えるということはこういうことだと思いました。顧客が求めているのは「どこよりも安い容器」ではなく，「自分の食品が売れる」ということなのです。その機会を作れば，顧客は喜び，感謝してくれます。自社も食品容器の売り上げを伸ばすことができます。この社長はバリュー・チェーン型の思考から離れることによって，新しい売り方を考え出したと言えます。

　ところで，サイトやフードイベントで食品を買うお客さんは，食品容器卸売業者の顧客ではありません。食品を買うお客さんと，食品容器卸

1　食品容器の中には，真空パックが可能で賞味期限を延ばす機能を備えている差別化された製品ももちろんある。

売業者の間には取引関係はないのです。しかし，サイトやフードイベントがあるおかげで，食品の売り上げが伸び，結果として食品容器の売り上げも伸びます。このような関係のことを「補完関係」と呼びます。そして，補完関係が結ばれることによって成り立つ業界構造のことを「ビジネス・エコシステム」と呼びます（第11章参照）。

　この社長はいわば，小さなビジネス・エコシステムを作り上げたのです。この事例は，中小企業でも工夫次第でビジネス・エコシステム型のビジネスを作れるということを示す好例であると言えます。

2．AIRDOの挫折

　新型コロナウイルスの感染拡大で，世界経済は大きな影響を受けました。特に被害が甚大だった業界の1つが航空業界です。世界的な人の移動が制限された結果，航空需要は急激に落ち込み，タイ国際航空，ヴァージン・オーストラリア，フライビー，ラタムの4社が経営破綻しています（2020年6月18日現在）。

　このような特殊事情はあるものの，それまでの航空業界は，10年連続で年平均6％台の成長率を記録していました。この航空業界の成長をけん引してきたのが，格安航空会社（LCC）です。LCCの登場により，私たちの旅行はとても身近なものになりました。それまでの航空運賃の10分の1程度の料金で利用することができ，若者を中心に気軽に旅行に行くことができるようになったのです。

　その先駆者と呼べるサウスウエスト航空の事例は，ポーターをはじめ多くの研究者に称賛されています。また，ブルー・オーシャン戦略でも典型的な成功事例として扱われています（第6章参照）。

　ただし，すべてのLCCが成功しているわけではありません。LCCというだけで無条件に成功できるわけではなく，LCCにはLCCなりの戦略が

必要になります。その戦略を誤れば，LCCといえども経営に失敗してしまいます。ここで紹介するAIRDO（エア・ドゥ）は，そんなLCCの失敗事例です。

　AIRDOの創業はドラマチックなものでした。1996年，まだ国内の航空業界が3社寡占（JAL，ANA，JAS）だったころ，航空運賃は各社横並びで，競争原理は働いていませんでした。札幌―東京間は世界的にも輸送量が大きいドル箱路線として有名な路線ですが，競争原理が働いていないため，運賃は高いままに設定されていました。「なぜ，北海道の航空運賃はこんなにも高いのか」という疑問の声が，ビジネスで頻繁に利用している北海道の中小企業経営者たちから上がっていました。そこに，航空業界の規制緩和の動きが重なります。法律上，新規に航空会社を設立する道が開けたのです。そこで中小企業経営者たちは，北海道の航空運賃を引き下げ，北海道経済に貢献することを目的に，AIRDO（当時の社名は北海道国際航空）を設立しました。AIRDOの設立は事業として利益を目的とすることよりも，北海道の経済を何とかしたい，「高すぎる」航空運賃を何とかしたい，という中小企業経営者たちの「情熱」を拠り所としていました。

　AIRDOは，趣旨に賛同した道民・企業から出資を募り，札幌―東京間の航空運賃を大手の半額にすることを目的に掲げました。そして幾多の困難を乗り越え，1998年12月20日，ついに初飛行にこぎつけます。北海道にとってはお祭り騒ぎの大ニュースでした。

AIRDOの機体（同社ホームページより）

しかし，やがてAIRDOは経営上の困難に直面します。AIRDOは大手の半額という運賃で札幌—東京間に参入しましたが，大手はAIRDOの便の前後の時間帯だけ，狙い撃ちで運賃を値下げして対抗してきたのです。これにより，AIRDOは「安い運賃」という武器を失い，搭乗率は低迷します。道民の出資によって設立された会社だけに資金力にも限界があり，とうとう2002年6月，民事再生法を申請しました。

　AIRDOの戦略的誤りは，大手が絶対に譲りたくないドル箱路線に，弱小企業でありながらコスト競争を挑んだ点に尽きます。ポーターの競争戦略論で言うコスト・リーダーシップ戦略ですが，コスト・リーダーシップ戦略は，同じ戦略を取る企業が複数ある時には，際限のない価格競争に巻き込まれるリスクがあります。そうなると弱小企業には勝ち目はありません。

　AIRDOの失敗はランチェスター戦略でも説明できます。みなさんもお気づきの通り，AIRDOは弱者であるにもかかわらず，強者の戦略で強者に戦いを挑んだのです。最初から勝敗は見えていたと言わざるをえません。

　AIRDOは札幌—東京間の高すぎる運賃を何とかしたいという理念が先行して設立された航空会社です。しかし札幌—東京間はコストで挑むには不向きの市場でした。AIRDOは設立当初から，矛盾をはらんだ事業を展開せざるをえないジレンマを抱えていたのです。

　民事再生法申請後のAIRDOは，かつて勝負を挑んだライバルであるANAの傘下に入るという皮肉な運命をたどり現在に至っています。ANAグループとしてさまざまなシステムを共有でき，またANAとの共同運航便も増え，新型コロナウイルスの感染拡大前までは，収益は順調に推移しています。

3．ティファール電気ケトル

　先に，実際の企業経営はさまざまな要素が複合的に絡み合っているため，フレームワークがそのまままきれいに当てはまる例はまれであるということを述べましたが，ここで紹介するティファール電気ケトルの事例は，そのフレームワークがぴったり，きれいに当てはまる珍しい事例であると言えます。

ティファール電気ケトル（筆者撮影）

　ティファール電気ケトルは2001年に日本での販売がスタートしました。以来，累計販売台数は2,000万台を超え，日本に電気ケトル市場を根付かせました。現在では電気ケトルの世帯普及率は50％と言われています。ティファールは，それまで日本になかった電気ケトルという市場を創り出した，ブルー・オーシャン戦略の典型例であると考えられます。

　それまでの私たちは，お湯を沸かす時はやかんに水を入れ，ガスでお湯を沸かしていました。しかし，みなさんも経験があると思いますが，これが思いのほか面倒なのです。お湯が沸くまでにもけっこうな時間がかかります。

　そこで魔法瓶メーカーは，電気魔法瓶を開発しました。スイッチを押せば自動でお湯が沸き，魔法瓶なので保温もできます。またタイマー機

能が付いている機種もあります。一度お湯を沸かしておけば，好きな時にお湯を出すことができます。ただし，価格は数万円というのが一般的でした。

　そこに登場したティファール電気ケトルは，スイッチを入れたらわずか数十秒でお湯が沸き，特に忙しい朝などに重宝します。価格も数千円で，プラスチック製のおもちゃのような外観です。保温機能やタイマー機能など，他の機能は一切ありません。早くお湯を沸かすという一点に絞って設計された製品なのです。

　図表13−1のように，ティファール電気ケトルは，さまざまな機能を取り除き，「とにかく早くお湯を沸かす」ことに特化しています。それまでの日本ではお茶やコーヒーをいれる際，やかんや電気魔法瓶で大量のお湯を沸かして保温することが一般的でしたが，ティファール電気ケトルの登場により，「必要なときに必要な分だけお湯をすぐに沸かす」文化に大きく変化したと言われています（2018.4.19　グループセブジャパン広報資料）。

　ティファール電気ケトルの事例を見ると，「価値とは何か」ということをあらためて考えさせられます。メーカー側は，この機能も必要，あの機能も必要と，消費者のためによかれと思ってたくさんの機能を製品に付加します。その結果，製品価格は高くなってしまいますが，消費者はこれらの機能を必要としていると思い込んでいます。しかし，それはメーカー側の独りよがりであるということがままあります。ティファール電気ケトルの大ヒットは，実は消費者は「早くお湯を沸かす」ことだけを望んでいるのであって，保温やタイマー機能などは必要としていなかったということを証明することになりました。

　あるのが当たり前だったものを大胆に取り除き，それまでなかった全く新しい市場を創り出したという点で，ティファール電気ケトルはブルー・オーシャン戦略の分かりやすい成功例であると言えるのです。

図表13－1　ティファール電気ケトルと電気魔法瓶の機能比較

機能	ティファール電気ケトル	電気魔法瓶
湯沸かし	○	○
沸騰までの時間	◎	△
保温	×	◎
容量	小	大
タイマー	×	○
ボタンロック	×	○
価格	安い	高め

4．ネットワークを形成する中小企業

　中小企業は，１社ではとても小さく，力の弱い存在です。しかし第11章で説明した通り，ネットワークを形成することにより高い価値を生み出したり，大企業と同じメリットを享受できたりします。全国にはさまざまな中小企業ネットワークがありますが，ここでは北海道中小企業家同友会の共同社員教育の取り組みについて説明していきます。

　北海道中小企業家同友会は，1969年11月に約30名の会員で発足して以来，会員数約5,900名を数えるまでに発展しました。現在では全国すべての都道府県で中小企業家同友会が活動しており，全国の会員数は約45,000名に上っています 。

　北海道中小企業家同友会（以下「同友会」）では，各地区でさまざまな活動を行っていますが，その中の１つに，ある地区で行われている「共同社員教育プログラム」があります。これは地域企業の従業員を地域の経営者が相互に教育するという，ユニークな活動です。

このプログラムでは，地区の経営者が交代で講師を務め，月1回，1年間の研修を行っています。

　外部の専門家を招いて講義を行うのではなく，経営者が交代で講師を務めるという方式にしたのは，経営者が自らの経営に対する考え方や哲学を，地域の他の企業の従業員に伝えることに意義があると考えたからです。その過程で，経営者はどのように自分の考えを伝えるか，どのように言葉を選び，ストーリーを展開するかといったことを深く考えることになります。この過程を通じて，経営者も従業員同様，学びの機会を得ることになるのです。

　このプログラムは，一般の従業員ではなかなか聞くことのできない，他社の経営者の声にじかに触れることのできる貴重な機会であると同時に，経営者にとっても学びの場になるという，典型的な相互学習の場になっているのです。

　そして各社から派遣された受講生の中には，やがて企業の幹部・取締役に就任した人もいます。

　参加企業，特に講師を務める経営者には，この活動に参加することで特段の経済的メリットは発生していません。ここでは参加している企業同士が取引関係にあるわけでもありません。運営に携わっている経営者たちは，ただ地域の人材を地域ぐるみで育てるという理念に共鳴して参加しているのです。

　この事例は，中小企業が1社ではなかなか作り出すのが難しい従業員教育の機会を，地域共同で実践し，提供している事例であると言えます。従業員教育に悩んでいる地域の中小企業に共通する課題を，中小企業のネットワークを介することによって解決しているわけです。経営者が交代で講師を務めることにより，参加している企業は，従業員教育という「価値の受け手」であると同時に，「価値の出し手」にもなっています。

　このネットワークに参加している企業は取引の拡大を期待して参加し

ているわけではありません。参加企業は，取引関係を媒介としない水平的なネットワークを構成しているのです。この水平的なネットワークに参加する企業の共通項となっている動機が，従業員への教育機会の提供であり，従業員の能力向上への期待であり，最終的には自社の経営の改善という「共通課題の解決」です。つまりこのネットワークは，地域あるいは業界の共通の課題を解決しようとするために企業が集まり，ネットワークが形成され，そのネットワークが参加企業にとっての共通価値を生み出すものとなっていると言えるのです。ポーターが提唱するCSVです。

　先にも述べましたが，この事業の大きな特徴として，参加する企業はネットワークの中で，価値の出し手であると同時に価値の受け手にもなっている点が挙げられます。ネットワークの構成員が講師を交代で担当し，構成員の従業員が教育を受けているわけです。参加企業は，共通課題の解決に取り組むことを通じて，自社でも価値を享受しているのです。

　中小企業は単独で社会的貢献をするのは難しいですが，ネットワークに参加し，そのネットワークを通して社会的課題の解決を志向するような行動を取れば，社会的貢献の実現可能性が高くなるのではないでしょうか。そして，ネットワークを介して実現する社会的課題の解決や社会的価値の創造に関する活動に，自社の本業を組み込むことができれば，その先にCSVの実現も視野に入って来るものと思われます。

　この事例から分かることは，ネットワークがCSV実現のための媒介となりうるということであり，中小企業にとっては，ネットワークに参加することによってCSVを実現しうる可能性が見えてくるということなのです。

5．連携がもたらす付加価値と地域の発展──韓国の事例

　本書は，原則として企業経営を念頭に置き，さまざまなフレームワークや事例を紹介しています。しかし，戦略は「考え方」であり「考えるための引き出し」であるという視点を取れば，これらのフレームワークは企業経営以外の分野にも当てはまる部分がたくさんあることに気づきます。

　例えばドラッカーは，非営利組織にもマネジメントが必要であるという信念から『非営利組織の経営』を執筆しました。その中でドラッカーは，非営利組織のリーダーは自らのミッションを考え抜き，成長のためのイノベーションを求めていかなければならないと述べています（同書2-12ページ）。第12章で述べたように，今日では企業のみならず，自治体，非営利組織，サードセクターなど，さまざまな主体を包含したネットワークを構築することが，付加価値の向上にも，また社会的課題の解決にも有効であることが言われています。

　ここで紹介する韓国・永川（ヨンチョン）市の事例も，自治体と民間が連携して付加価値を創出した事例です。永川市は韓国の慶尚北道にあり，韓国第4の都市・大邱の隣に位置する人口約10万人の町です。大邱からは高速道路を利用して40分ほどの距離にあります。永川市は果物の栽培が盛んで，特にブドウは全国1位の生産量を誇り，永川市の特産品となっています。

　従来，ブドウ農家にはある悩みがありました。ブドウの収量は天候に左右されるため，不作の年には農家の所得は大きく減少します。また，形が悪いブドウは市場に出すことができないため，売れずに廃棄されるブドウが大量に出ます。毎年かなりの量が廃棄されて，農家の所得が安定しない要因になっていました。収量が安定しないことにより不安定に

なるブドウ農家の所得を安定させることは，地域の長年の課題でした。

　そこで永川市はこの問題を何とかしようと，特産のブドウを活用して
ワイン醸造を行うことを考え，農家にワイナリーへの転換を奨励しまし
た。ワイン醸造ならば，従来は形が悪くて捨てられていたブドウも活用
することができ，農家の損失を減らすことができます。農作物に付加価
値を付けると同時に，廃棄されるブドウを有効利用できるワイナリー経
営は，ブドウ農家の収益向上に大きく寄与できると考えられました。

　そこで市はまず2008年，農業技術センターに隣接した敷地に「ワイ
ン産業事業団」を設立し，ワイン醸造の技術研究を始めました。同時に，
「ワイン学校」を設立して，ワイナリー経営を希望する人たちに醸造技
術の指導を行いました。ワイン学校の受講生は，卒業時にラベルに顔写
真が紹介されたオリジナルのワインを製造し，やがて地域でワイナリー
経営を始めます。事業開始からわずか７年後の2015年には，農家から
転換したワイナリーや他地域から移住して新規就農したワイナリーなど，
18カ所が集積するに至り，永川市は韓国でも随一のワイン産地に変貌
を遂げました。同年の市内のワイン出荷量は27万本，売上高は35億
ウォンに達しています。また品質も高く，ワイナリーの中には国際的な
ワインコンクールで金賞を受賞するところも出始めました。

左：永川市ワイン産業事業団　　右：市内ワイナリーの案内図　（筆者撮影）

　またワイン産業は６次産業化の典型例であると言われます。ワイナ
リーはブドウを自ら栽培し，収穫したブドウを使ってワインに加工しま
す。そして大半のワイナリーは自分で販売までを手掛けます。また，ワ

イナリーにはレストランや宿泊施設が併設されており，加工したワインを提供すると同時に，観光客を迎え入れ，付随した売り上げを上げることができます。ワイン産業が発展すると，地域には高い付加価値が生まれることになるのです。

　現在では永川産のワインは「Ciel」という地域共通ブランドで販売されています。地域共通のブランドを定めることにより，地域を挙げて「永川ワイン」の知名度向上に取り組んでいます。

　永川市は，地域におけるワイン産業の振興を自治体が中心となって進めました。そもそもの出発点は先にも述べた通り，ブドウ農家の所得を何とか向上させたい，ブドウが廃棄されることによる損失を何とかしたい，という地域の課題をどう解決するかというところから始まりました。そこに，地域の付加価値をどう高めるかという戦略的視点がある点に，永川市の事例のユニークさがあります。

　例えば，天候不順で農家の所得が減少した場合，自治体は通常，助成金で農家の損失を補填することを考えます。しかし，永川市は助成金による援助ではなく，地域に新しい産業を興し，それを民間に奨励することによって所得向上につなげてもらう政策を取りました。助成金による損失補填では，何ら新しい価値が生み出されないからです。そうではなく，地域の農家が自立して事業を継続していけるように，ワイン産業を興すための施設や技術指導，そして地域共通ブランドの策定といったプラットフォームを整備し，そのプラットフォーム上で各ワイナリーが品質の良いワインを醸造し，販売・観光誘致などの努力を行うという形式を整えたのです。

　ポーターはCSVに関する議論の中で，単なる「分配」による救済ではなく，事業活動を通じた価値創出こそが，弱い立場にある人々を救うと主張しました。また，プラットフォームは自治体が整備し，その中で民間の活力によってさまざまな事業展開を行うという形は，オープンな

連携が価値の創出には有効であるという示唆も与えてくれます。

　このように，経営戦略論のさまざまなフレームワークや理論は，ビジネス以外にも行政や非営利組織の運営にも応用できるのです。

第13章　参考文献

P. F. ドラッカー著／上田惇生訳（2007）『非営利組織の経営』ダイヤモンド社。

索 引

《著者紹介》

福沢　康弘（ふくざわ　やすひろ）

北海道情報大学経営情報学部教授

1967年　札幌市生まれ
京都大学文学部卒業
北海学園大学大学院経済学研究科博士課程修了
博士（経済学）
米国イリノイ州公認会計士（CPA）

約20年間，民間企業の経営に携わり，2016年に北海道情報大学経営情報学部着任

主な著書
『はじめての会社経営100問100答』（共著，明日香出版社　2016）
『はじめての事業承継100問100答』（共著，明日香出版社　2008）　ほか

テキスト　経営戦略論

2021年2月15日　第1版第1刷発行
2024年5月20日　第1版第6刷発行

著　者　福　沢　康　弘
発行者　山　本　　　継
発行所　㈱中　央　経　済　社
発売元　㈱中央経済グループ
　　　　パ ブ リ ッ シ ン グ

〒101-0051　東京都千代田区神田神保町1-35
電話　03（3293）3371（編集代表）
　　　03（3293）3381（営業代表）
https://www.chuokeizai.co.jp
印刷／㈱堀 内 印 刷 所
製本／㈲井 上 製 本 所

© 2021
Printed in Japan

＊頁の「欠落」や「順序違い」などがありましたらお取り替えいた
しますので発売元までご送付ください。（送料小社負担）
ISBN978-4-502-36981-0　C3034

JCOPY〈出版者著作権管理機構委託出版物〉本書を無断で複写複製（コピー）することは，
著作権法上の例外を除き，禁じられています。本書をコピーされる場合は事前に出版者著
作権管理機構（JCOPY）の許諾を受けてください。
JCOPY〈https://www.jcopy.or.jp　eメール：info@jcopy.or.jp〉

一般社団法人 日本経営協会【編】

マネジメント検定試験
公式テキスト

マネジメント検定試験とは

▶経営・マネジメントに関する知識・能力を判定する全国レベルの検定試験です。

▶個人・法人問わず,スキルアップやキャリア開発などに幅広く活用されています。

▶試験のグレードがあがるほど,ビジネスシーンでの「実践力」「対応力」が身につきます。

経営学の基本
（Ⅲ級）

マネジメント実践 1
（Ⅱ級）

マネジメント実践 2
（Ⅱ級）

中央経済社

好評発売中!!

地球環境辞典

〔第4版〕

丹下博文〔編〕

四六判・400頁
ISBN：978-4-502-29801-1

経済，ビジネスなど社会科学的な
テーマを中心に基本用語から最
新用語まで網羅した入門辞典。
最新第4版では，ESG投資，シェ
アリング・エコノミーなどの用語
を新たに追加。

「大人たちが積極的な対策をしていない。自分たちの世代は絶対に
許さない。」と激怒したグレタ・トゥーンベリさん。

少女が国連サミットで訴えた地球環境問題の基本が満載！

中央経済社